# ENCUENTROS 1

EDICIÓN 3000   MÉTODO DE ESPAÑOL

## Klassenarbeitstrainer / Schulaufgabentrainer

für Schülerinnen und Schüler
mit Lösungen und Lerntipps

Deine **Audios** findest du hier:

1. Gehe auf scook.de.
2. Gib den unten stehenden Zugangscode in die Box ein.
3. Hab viel Spaß mit den Audios.

Dein Zugangscode auf
**www.scook.de**  |  apb5w-czcj7

**Cornelsen**

**Encuentros Edición 3000**

Klassenarbeitstrainer/Schulaufgabentrainer
für Schülerinnen und Schüler, mit Lösungen und Lerntipps

Im Auftrag des Verlages erarbeitet von:
Kathrin Rathsam

Projektleitung: Heike Malinowski
Redaktion: Denise Schmidt
Bildassistenz: Nadja Hantschel

Gesamtgestaltung und technische Umsetzung:
graphitecture book, Rosenheim
Umschlaggestaltung: werkstatt für gebrauchsgrafik, Berlin
Illustration: Rafael Broseta

Umschlagfoto: © mauritius images / Pixtal

Bildquellen: © 123RF, S. 12 (1. Zeile rechts), S. 29 (2), S. 29 (6), S. 34 (pinchos), S. 36 (1), S. 36 (2), S. 37 (6), S. 37 (1), S. 37 (5), S. 37 (8), S. 59, S. 71 (Sevilla), S. 71 (Salamanca), S. 81 (pinchos), S. 85 oben (1), S. 85 oben (2), S. 85 oben (6), S. 85 unten (1), S. 85 unten (5), S. 85 unten (8) – © Action Press / List, S. 25 (4) – © Action Press / ACTION PLUS SPORTS IMAGES, S. 25 (3), S. 25 (7) – © Action Press / ALL ACTION, S. 25 (2), S. 25 (5), S. 25 (6) – © Action Press / REX FEATURES LTD., S. 25 (1) – © Alamy / Paul Lindsay, S. 80 (8) – © andalucia imagen, S. 12 (2. Zeile rechts), S. 36 (3), S. 80 (7), S. 85 oben (3) – © Bjoern Goettlicher / VISUM, S. 37 (8), S. 85 oben (8) – © Corbis / Reuters / Jose Miguel Gomez, S. 62 – © Cornelsen, Delgado, S. 80 (6), S. 80 (9) – © Cornelsen, Revenga Folch, S. 37 (6), S. 85 unten (6) – © Cornelsen, Vicente Sierra, S. 5 – © digitalstock, S. 34 (bocadillo), S. 81 (bocadillo) – © Fotolia, S. 28 (Mitte), S. 33 (Öl), S. 33 (Salz), S. 34 (pan), S. 34 (queso), S. 34 (leche), S. 34 (jamon), S. 61, S. 81 (queso), S. 81 (leche), S. 81 (jamon) – © GuiasBoira.com, S. 44 – © iStockphoto, S. 6 (oben), S. 6 (unten), S. 7, S. 12 (1. Zeile links), S. 12 (1. Zeile Mitte), S. 28 (oben), S. 28 (unten), S. 33 (tortilla), S. 33 (Eier), S. 29 (3), S. 29 (5), S. 34 (ensalada), S. 34 (granizado), S. 34 (tortilla), S. 36 (4), S. 37 (4), S. 37 (7), S. 60, S. 71 (Madrid), S. 71 (Bogota), S. 80 (4), S. 80 (5), S. 81 (ensalada), S. 81 (granizado), S. 81 (tortilla), S. 85 oben (4), S. 85 unten (4), S. 85 unten (7) – © mauritius images / Rene Mattes, S. 12 (3. Zeile rechts) – © mauritius images / imagebroker / Judith Thomandl, S. 37 (3), S. 85 unten (3) – © panthermedia, S. 12 (2. Zeile links) – © picture alliance / Arco Images, S. 83 – © Picture Alliance / Cordon Press, S. 12 (3.Zeile links) – © Picture Alliance / Lonely Planet Images, S. 12 (3. Zeile Mitte) – © pixelio, S. 34 (cafe), S. 81 (cafe) – © shutterstock, S. 33 (Kartoffeln), S. 29 (1), S. 29 (4), S. 37 (5), S. 37 (2), S. 71 (Barcelona), S. 71 (Bakio), S. 80 (2), S. 85 oben (5), S. 85 unten (2) – © Staatliches Fremdenverkehrsamt Spanien, S. 12 (2. Zeile Mitte), S. 37 (7), S. 80 (1), S. 85 oben (7) – © veer, S. 6 (Mitte) – © akg-images / arcaid / John Edward Linden, S. 80 (3).

**www.cornelsen.de**

1. Auflage, 6. Druck 2020

Druck: H. Heenemann, Berlin

ISBN 978-3-06-021435-8

## Symbole und Verweise

🎧2 Hörverstehen/Tracknummern

◯ Differenzierungsaufgabe (leicht)

● Differenzierungsaufgabe (schwer)

▶ Verweis auf Schülerbuch

# INHALTSVERZEICHNIS

# INHALTSÜBERSICHT DER HÖRTEXTE

Hier findest du die Titel der Hörtexte mit den Track-Nummern. Die angegebene Seitenzahl verweist auf die Seite im Klassenarbeitstrainer/Schulaufgabentrainer, auf der die entsprechende Aufgabe abgedruckt ist.

# VORWORT

## KLASSENARBEIT? KEIN PROBLEM FÜR DICH!

Lieber Schüler, liebe Schülerin,

wenn du dich gut vorbereitest, kannst du der nächsten Klassenarbeit in Spanisch gelassen entgegen sehen. Dieser Klassenarbeitstrainer/Schulaufgabentrainer unterstützt dich gezielt beim Üben für alle Klassenarbeiten. Du findest zu jeder der sieben *Unidades* und zum *Suplemento Cataluña* zwei Übungsklassenarbeiten, mit denen du alle Fertigkeiten trainieren kannst, die du für die Klassenarbeiten brauchst. Die *Unidad* 7 enthält außerdem eine Vorbereitung auf eine mündliche Prüfung.

## WIE LERNST DU ERFOLGREICH MIT DEINEM KLASSENARBEITS-/SCHULAUFGABENTRAINER?

### Vorbereitung

Informiere dich genau über die kommende Klassenarbeit, damit du weißt, was du dafür können musst. Lege dir in einem Lernplan fest, welche Aufgaben du wann bearbeiten willst. Plane dir dafür genügend Zeit ein. Hole dir bei Unklarheiten Hilfe bei deinem Lehrer oder deiner Lehrerin. Du kannst ihm oder ihr auch den Klassenarbeitstrainer/Schulaufgabentrainer zeigen: Er oder sie kennt deine Stärken und Schwächen im Spanischen ganz genau und kann dir sagen, welche Aufgaben für dich persönlich besonders wichtig sind. Am Tag vor der Arbeit wiederholst du nur kurz.

### Lernhefter

Führe einen Lernhefter für Schreibaufgaben und zusätzliche Übungen. Achte auf die Übersichtlichkeit (Datum, Überschrift, Aufgabe, Seite). Trage hier auch die Berichtigung deiner Fehler ein und hebe die verbesserte Stelle farblich hervor. Schreibe dabei immer ganze Sätze.

### Leichtere und schwierigere Übungen

Bei vielen Aufgaben kannst du zwischen leichten ⧠ und schwierigeren Übungen ⬤ wählen. Wenn du dich schon sicher fühlst, wähle die schwierigere Aufgabe ⬤. Wenn du dich für die leichtere Aufgabe ⧠ entscheidest, kannst du nicht die volle Punktzahl für eine Aufgabe bekommen. Du kannst natürlich auch beide Aufgaben machen, um ein Thema besonders zu üben.

### Lösungsheft und Punkteschlüssel

Vergleiche deine Lösungen mit den möglichen Lösungen im Lösungsheft. Addiere deine Punktzahl und entnehme deine Note der Tabelle auf S. 92.
Sei dabei ehrlich zu dir selbst. Wenn du schummelst, beschummelst du dich selbst.
Mit der Note kannst du deine eigene Leistung einschätzen. Dein Lehrer oder deine Lehrerin legt aber möglicherweise einen anderen Bewertungsmaßstab zugrunde.
Streiche dir deine Fehler mit einem farbigen Stift an und korrigiere sie bzw. ergänze fehlende Elemente. Überlege dir, was du falsch gemacht hast. Nur so kannst du Fehler in Zukunft vermeiden. Im Anhang findest du auf S. 93 noch weitere Tipps dazu.
Im Lösungsheft sind auch die Hörtexte abgedruckt. Ein Inhaltsverzeichnis der Hörtexte findest du auf S. 4.

Übrigens: Die Klassenarbeiten in diesem Heft prüfen das Gelernte sehr ausführlich ab. Du brauchst daher für die Bearbeitung länger als eine Schulstunde. Natürlich kannst du dir die Klassenarbeiten auch auf einzelne Tage aufteilen oder bestimmte Aufgaben ganz gezielt üben.

¡Manos a la obra y suerte para el examen!

Kathrin Rathsam

## KLASSENARBEIT A

**COMPRENDER EL TEXTO | LESEVERSTEHEN**

Buscar amigos en Internet

---

www.amigoseninternet.es

### Amigos en Internet

¡Hoooolaaa!
Somos Lucía y Ángel (15), de Alicante, y buscamos amigos en Internet. Estudiamos segundo de ESO. Aprendemos alemán en el instituto y hablamos un poco en el chat: «Hallo, wie geht's? :-)». Hablamos español, inglés, y ¡claro!, un poco de alemán. Escuchamos música pop[1]. Pasamos mucho tiempo en Internet: escribimos mensajes en el chat y miramos vídeos… En el recreo, preparamos vídeos con los amigos, ¿los queréis ver?[2] ¿Nos[3] escribís?
¡Hasta pronto!
➤ **Luci_y_angel@encuentros.es**

¡Aquí David!
Me llamo David (14). Soy de Barcelona, pero ahora vivo en Madrid. La ciudad es fenomenal, pero soy nuevo y busco amigos. Hablo español, catalán y un poco de inglés. Toco la guitarra y leo mucho, sobre todo[4] cómics. Escucho hip hop y pop (Haze y Lady Gaga). ¿Quiénes sois? ¡Adióóósss!
PD: Prometo[5] contestar.
➤ **David_barca_77@superchicos.es**

---

**1** la música pop *die Popmusik*     **3** nos *uns*     **5** prometo *ich verspreche*
**2** ¿los queréis ver? *wollt ihr sie sehen?*     **4** sobre todo *vor allem*

---

**1** ¿Quiénes son los chicos? Lee los anuncios y marca las frases con verdadero (V), falso (F) o «no está». | Lies die Anzeigen und kreuze die richtige Antwort an: wahr (V), falsch (F) oder „nicht im Text" (*no está*). Achtung: Einige Informationen sind nicht im Text.

|  | V | F | No está |
|---|---|---|---|
| 1. Lucía y Ángel hablan alemán. | ☐ | ☐ | ☐ |
| 2. … escuchan hip hop. | ☐ | ☐ | ☐ |
| 3. … pasan mucho tiempo con los amigos. | ☐ | ☐ | ☐ |
| 4. … comparten fotos en Internet. | ☐ | ☐ | ☐ |
| 5. David es de Madrid. | ☐ | ☐ | ☐ |
| 6. … estudia segundo de ESO. | ☐ | ☐ | ☐ |
| 7. … lee cómics. | ☐ | ☐ | ☐ |
| 8. Su música favorita es el pop y el hip hop. | ☐ | ☐ | ☐ |

## GRAMÁTICA | GRAMMATIK

**2** ¿De quién se trata? Completa con el pronombre personal adecuado. |
Wer ist gemeint? Welche Subjektpronomen passen zu den Verben?

> yo  él  nosotros  ella  vosotros  tú (2 x)  ellas

*Wenn du den Kasten zudeckst, ist die Übung schwieriger.*

**Diego pregunta a Roberto**: [_____] tocas la guitarra,

¿verdad? Mi amigo Carlitos también, pero _____ aprende en Internet. Oye, ¿quiénes son las chicas?

**Roberto**: ¿_____? Son amigas. Se llaman Vega y Laura.

**Vega**: _____ somos de Salamanca, pero Laura no. _____ es de Barcelona. ¿De dónde

eres _____?

**Diego**: _____ soy de Bogotá. ¿Y _____ estudiáis todos en el instituto Lucía de

Medrano?

**3** David es nuevo en el instituto y Paula le hace muchas preguntas. Escribe las preguntas
en los globos. | Paula stellt David viele Fragen. Schreibe ihre Fragen in die Sprechblasen.

¿Qué tal?

Bien.

_____

David, David Folch.

_____

F-o-l-c-h, Folch.

_____

De Barcelona.

_____

Español, catalán y un
poco de inglés.

_____

Mi libro de Español. Oye,
¿quiénes son las chicas?

**4** David habla con el profesor de Historia, pero el profesor lo confunde todo. Completa las preguntas y contesta como en el ejemplo. | Der Geschichtslehrer verwechselt alles. Ergänze seine Fragen und Davids Antworten wie im Beispiel.

_____/10 Punkten

Denke daran, die Verben zu konjugieren.

1. **Te llamas Daniel, ¿verdad?**          **No, no me llamo Daniel.**          | David |

(llamarse Daniel)          **Me llamo David.**

2. ¿_____? No, no _____ | Barcelona |

(ser de Alicante)          _____

3. ¿_____? _____ | el vecino de Paula |

(ser el vecino de Carmen)          _____

4. ¿_____? _____ | catalán |

(hablar francés y vasco)          _____

5. ¿_____? _____ | mi clase |

(buscar la cafetería)          _____

6. ¿_____? _____ | la clase 2A |

(tu clase ser 2B)          _____

---

## VOCABULARIO | WORTSCHATZ

**5** Elige la actividad a o b. | Wähle Aufgabe a oder b aus.

**a** ¿Cómo se dice en español…? Mira el dibujo y escribe las palabras en español. | Wie heißen diese Dinge und Personen auf Spanisch? Schreibe in dein Heft.

_____/7 Punkten

Denke auch an den Artikel.

**b** David siempre busca algo. ¿Qué busca hoy? Escribe las palabras en español y completa con la forma en plural. | Schreibe die Wörter auf Spanisch im Singular und Plural. Denke auch an die Artikel.

_____/7 Punkten

 1     2     3     4     5     6     7

1. **el cuaderno de Inglés**     → **los cuadernos de Inglés**

2. _____ de Paula    → _____ de Paula y Ana

3. _____ de Barcelona    → _____ de Barcelona

4. _____ de Paula    → _____ de Paula

5. _____ de Historia    → _____ de Historia

6. _____    → _____

7. _____ de Paula    → _____ de Paula y Ana

## EXPRESIÓN ESCRITA | TEXTPRODUKTION

**6**   Es el primer día de clase y David es el nuevo en la clase. Inventa el diálogo entre David y Amanda. | Der erste Schultag: David ist neu in der Klasse. Erfinde den Dialog zwischen David und Amanda.

_____/20 Punkten

| Amanda | David |
|---|---|
| Fragt, wie es David geht. | Sagt, dass es ihm gut geht, und fragt zurück. |
| Sagt, dass es ihr so naja geht und dass es der erste Schultag ist. Sie fragt David, wie er heißt. | Sagt, wie er heißt. |
| Fragt, ob David neu in der Schule ist. | Sagt, dass er neu ist und die Klasse 2A sucht. |
| Sagt, dass die 2A ihre Klasse ist. Sie zeigt ihm die Cafeteria und den Klassenraum der Klasse 2A. | Bedankt sich. |
| Fragt, ob David nicht von hier ist. | Sagt, dass er aus Barcelona ist, aber jetzt in Madrid wohnt. |
| Fragt, wie ihm Madrid gefällt. | Sagt, dass Madrid phänomenal ist und dass er immer Fotos der Stadt für die Freunde aus Barcelona macht. |
| Sagt, dass sie auch viele Fotos macht und dass es schon (ya) Zeit für den Englischunterricht ist. | Fragt Amanda, ob sie in der Pause etwas in der Cafeteria trinken. |
| Stimmt zu und fragt, ob sie die Englischhausaufgaben vorbereiten und ein bisschen plaudern. | Bejaht und verabschiedet sich. |

# KLASSENARBEIT B

## ORTOGRAFÍA | RECHTSCHREIBUNG

**2** **1** **a** ¿Se escribe con **b** o con **v**? Escucha las palabras y escríbelas. |
Höre zu und schreibe die Wörter auf.

_____ / 9 Punkten

1. _____    4. _____    7. _____

2. _____    5. _____    8. _____

3. _____    6. _____    9. _____

**3** **b** ¿Se escribe con **c** o con **qu**? Escucha las palabras y escríbelas. |
Höre zu und schreibe die Wörter auf.

_____ / 6 Punkten

1. _____    3. _____    5. _____

2. _____    4. _____    6. _____

## COMPRENSIÓN ORAL | HÖRVERSTEHEN

**4** **2** ¿Escucha y marca la(s) respuesta(s) correcta(s). | Höre zu und kreuze die richtige(n)
Antworte(n) an.

_____ / 5 Punkten

1. Los chicos están…
   a en la Plaza Mayor.
   b en el parque.
   c en Salamanca.

2. Alicia es la vecina de…
   a Daniel.
   b Ana.

3. Alicia es de…
   a Salamanca.
   b Bilbao.
   c Vitoria.

4. Ana habla…
   a español.
   b inglés.
   c vasco.
   d francés.

## GRAMÁTICA | GRAMMATIK

**3** Elige la actividad **a** o **b**. | Wähle Aufgabe **a** oder **b** aus. Aufgabe **a** ist leichter.

**O** **a** Conecta los elementos. | Was passt zusammen? Verbinde die Satzteile.

_____ / 7 Punkten

| | |
|---|---|
| Diego y yo | … lees cómics, ¿verdad? |
| Diego y Roberto | … somos vecinos. |
| Los chicos | … busco mi libro de Historia. |
| Roberto y tú | … son todos alumnos del instituto Lucía de Medrano. |
| Laura | … es la vecina de Diego. |
| [Yo] | … charlan en la Plaza Mayor. |
| [Tú] | ¿… tomáis algo en la cafetería con nosotros? |

1. _____

2. _____

3. _____

4. _____

5. _____

6. _____

7. _____

**b** Conjuga los verbos y completa el texto. | Konjugiere die Verben und vervollständige den Text.

_____/12 Punkten

Laura y Vega preparan los deberes de Inglés, pero también _____ (*pasar*) mucho tiempo en

Internet: _____ (*leer*) mensajes y _____ (*hablar*) en el chat. De repente, Laura

_____ (*recibir*) un mensaje de chat. _____ (*ser*) de Julia, una amiga de Barcelona.

---

○ ○ ○
◀ ▶ + www.amigoseninternet.es

| JULIA | Julia: Hooolaaaa, Laura… ¿No _____ (*contestar* / tú)? |
| LAURA | Laura: Hola, Julia. Claro que _____ (*contestar* / yo). Vega y yo _____ (*preparar*) los deberes de Inglés y _____ (*buscar*) información en Internet. |
| JULIA | Julia: Ah, _____ (*comprender* / yo), vosotras _____ (*preparar*) los deberes ☺ … Pero, ¿_____ (*escribir* / vosotras) también mensajes? |
| LAURA | Laura: Bueno, ¡claro! ;-) |

---

## PARA COMUNICARSE | REDEMITTEL

**4** Encuentra las expresiones. | Wie sagst du das auf Spanisch? Finde die Äußerungen.

_____/8 Punkten

1. Du begrüßt jemanden und fragst, wie es ihm geht. _____

2. Du fragst jemanden nach dem Namen. _____

3. Du fragst jemanden, woher er/sie kommt. _____

4. Du sagst, wie du heißt und woher du kommst. _____

5. Du stellst Leon und Celina vor. _____

6. Du fragst nach der Bedeutung von Wörtern. _____

7. Du bedankst dich. _____

8. Du verabschiedest dich. _____

**5** Ein Freund hat deinen Eltern dieses Prospekt aus Madrid mitgebracht, aber sie verstehen kein Spanisch. Erkläre ihnen, was man in Madrid besichtigen kann.

_____/5 Punkten

## Bienvenido a Madrid

• Madrid es la Plaza de la Puerta del Sol, el centro de la ciudad.

• Es el Palacio Real...

... y el Museo del Prado.

• Y también es el Parque del Retiro.

• Madrid es el mercado del Rastro...

... y también los teatros y cines.

• Y, claro, ¡el club de fútbol Real Madrid es Madrid!

• Es la moda... ... y las tiendas.

• Madrid es la gente: los madrileños y también los turistas.

¡Ven a visitar nuestra hermosa ciudad!

**EXPRESIÓN ESCRITA | TEXTPRODUKTION**

**6** Cuenta el primer día de clase de Elena. | Erzähle den ersten Schultag von Elena.
Benutze auch Fragen oder Dialoge.

_____ / 20 Punkten

Elena / buscar la clase 2C

<u>Hoy es el primer día de clase y, como siempre, los alumnos</u>

<u>charlan en el patio…</u>

profesora / presentar a Elena

alumnos / no escuchar / charlar

alumnos / buscar información
en Internet
Elena / mirar vídeos

Elena / recibir un mensaje
de Luis

# 2 MI MUNDO

## KLASSENARBEIT A

**COMPRENDER EL TEXTO | LESEVERSTEHEN**

Diego escribe una carta[1] desde Salamanca a los abuelos de Bogotá.

> Queridos[2] abuelos:
>
> ¿Qué tal en Bogotá? Pienso mucho en ustedes. Salamanca es genial, pero echo de menos[3] Bogotá. Nuestro piso aquí es un poco pequeño, pero tengo una habitación propia. Es bastante pequeña, pero tengo mi espacio. Lo mejor es que tengo también mi propia tele en mi habitación. Así, puedo ver la tele y mis hermanas pueden escuchar música a todo volumen o preparar los deberes en su habitación. Mi habitación es mi mundo: en las paredes hay pósteres y fotos de mis amigos de Bogotá. En nuestro piso hay tres dormitorios, una cocina-comedor bastante grande y un salón pequeño. Y cómo no, también un cuarto de baño.
>
> El instituto es como siempre. Hay asignaturas interesantes y asignaturas aburridas. En mi clase, hay un chico y dos chicas muy simpáticos. El chico se llama Roberto y tiene 14 años. Él comparte habitación con su hermano mayor. Su hermano pasa mucho tiempo en la habitación, pero Roberto a veces quiere estar solo. Tiene el mismo[4] problema que yo en Bogotá. Es importante tener tu propio espacio... Las chicas se llaman Laura y Vega, y tienen 13 y 14 años. Vega es salmantina, pero Laura es de Barcelona. Su padre vive todavía allí, pero ella vive con su madre aquí, en Salamanca. Laura es superbuena en el instituto y a veces quedamos para hacer los deberes juntos. Bueno, os dejo ahora. Hoy Laura no tiene tiempo y todavía tengo que preparar mucho para el instituto.
> Un abrazo[5],
> Diego

| 1 la carta _der Brief_ | 3 echar de menos algo / a algien _etw./jdn vermissen_ | 5 un abrazo _hier: herzliche Grüße_ |
| 2 queridos _liebe_ | 4 mismo/-a _dasselbe_ | |

**1** ¿Qué tal está Diego en Salamanca? Lee la carta y marca las frases con verdadero (V) o falso (F). | Lies den Brief und kreuze die richtige Antwort an: wahr (V), falsch (F) oder „nicht im Text" (_no está_). Achtung: Einige Informationen sind nicht im Text.

| | V | F | No está |
|---|---|---|---|
| 1. Los abuelos de Diego todavía viven en Bogotá. | ☐ | ☐ | ☐ |
| 2. Diego prefiere tener una habitación compartida. | ☐ | ☐ | ☐ |
| 3. En el piso de Diego hay tres dormitorios, una cocina, un comedor pequeño y un salón grande. | ☐ | ☐ | ☐ |
| 4. A veces Diego tiene problemas con sus hermanas. | ☐ | ☐ | ☐ |
| 5. Diego ve la tele a todo volumen mientras sus hermanas preparan los deberes. | ☐ | ☐ | ☐ |
| 6. El instituto en Salamanca es regular. | ☐ | ☐ | ☐ |
| 7. Roberto es muy bueno en Inglés. | ☐ | ☐ | ☐ |
| 8. Laura es salmantina. | ☐ | ☐ | ☐ |
| 9. El padre de Laura todavía vive en Barcelona. | ☐ | ☐ | ☐ |

**VOCABULARIO | WORTSCHATZ**

**2** Elige la actividad a o b. | Wähle Aufgabe a oder b aus.

**a** ¿Cómo se dice en español...? Mira la familia de Sandra y escribe las palabras en español. | Beschrifte den Stammbaum mit den spanischen Familienbezeichnungen. Schreibe jeweils den Artikel dazu.

_____/7 Punkten

_____ Daniel

_____ Ana

Sandra

_____ Úrsula

_____ Mariano

_____ Esteban

_____ Marisa

_____ Pilar

**el abuelo** _____ José

**b** Sandra presenta a su familia. ¿Qué dice? | Sandra stellt ihre Familie vor. Was sagt sie?

_____/9 Punkten

_Este es mi hermano. Se llama Daniel..._

_____

_____

_____

**3** Completa el diálogo. | Roberto fragt Diego nach seiner Telefonnummer. Ergänze den Minidialog.

_____/4 Punkten

¿_____

_____?

18 13 16 11

Es el _____

_____ .

**GRAMÁTICA | GRAMMATIK**

**4**  ¿Qué hay en la habitación de Tomás? Describe su habitación. Usa las preposiciones
siguientes. | Beschreibe das Zimmer von Tomás. Verwende die Präpositionen aus
dem Kasten.

_____/8 Punkten

| a la derecha de   a la izquierda de   al lado de   detrás de   delante de   debajo de   en   encima de |

**5**  Fiesta en el club de deporte. Completa con la forma correcta de _ser_, _estar_ y _tener_. |
Ergänze mit der entsprechenden Form von _ser_, _estar_ und _tener_. Wenn du den Kasten
benutzt, ist die Übung einfacher und du musst zwei Punkte von deinem Ergebnis abziehen.

_____/6 Punkten
(12 x 0,5 Punkte)

Hoy hay una gran fiesta en el club de deporte. _____ el cumpleaños de Roberto. Ahora él

_____ 15 años. En la fiesta también _____ Vega, Laura, Diego… ¡y Lourdes!

Lourdes _____ de Madrid, pero ahora _____ en Salamanca. _____ una

chica muy simpática y ya _____ muchos amigos. Al lado de Lourdes _____ dos chicos.

Hablan mucho con ella. Roberto pregunta a Vega: «¿Quiénes _____ esos chicos?» Vega contesta:

«_____ Raúl y Javier. Raúl y Lourdes _____ novios». Roberto piensa: «Uf… yo

también quiero _____ el novio de Lourdes…».

| ser   es   son   tiene   son   están   es   son   están   son   está   es   tiene |

**6**  ¡Hola! Somos Lourdes y Carmen. Completa el texto con los adjetivos y los determinantes
posesivos adecuados. | Ergänze den Text mit den entsprechenden Adjektiven und
Possessivbegleitern.

_____/8 Punkten
(16 x 0,5 Punkte)

Hola, nos llamamos Lourdes y Carmen. Somos de Madrid, pero ahora vivimos en Salamanca. Es una ciudad

_____ (klein) y _____ (großartig). Hay muchas plazas _____ (schön) y parques _____ (groß) en la ciudad. _____ (ihre) monumentos también son

_____ (interessant). La ciudad no es nada[1] _____ (langweilig).

Ahora buscamos _____ (neue) amigos y amigas. Somos dos chicas muy _____ (lustig)

y queremos compartir _____ (gute) momentos. _____ (unsere) grupos

_____ (Lieblings-) son Haze y Chambao. _____ (unser) película _____

(Lieblings-) es «El bola». ¿Cuáles son _____ (eure) estrellas?

¿Nos escribís? Esperamos _____ (eure) e-mails. ¡Hasta pronto!

➤ nuevas.en@salamanca.es

1 no es nada *ist überhaupt nicht*

## MEDIACIÓN | SPRACHMITTLUNG

**7** Im Spanischunterricht hast du eine spanische Jugendzeitschrift bekommen. Du schaust sie gemeinsam mit einem Freund an, der kein Spanisch spricht. Er möchte wissen, was das Mädchen schreibt. Erkläre ihm das Problem des Mädchens. Schreibe in dein Heft.

_____/10 Punkte
(5 x 2 Punkte)

Virginia, 14 años

> ## No tengo mi habitación para mí
> Tengo dos hermanos y una hermana. Normalmente estamos todos en nuestras habitaciones. Soy una chica muy ordenada y mi habitación es muy bonita. Pero mis hermanos siempre quieren ver la tele en mi habitación. Todos «invaden»[1] mi habitación y después, la habitación es un caos: me lo dejan todo perdido de chocolate, de papeles, de cómics... ¿Qué hago?

1 invadir algo *etw. belagern*

## EXPRESIÓN ESCRITA | TEXTPRODUKTION

**8** ¿Cómo es tu mejor amigo o tu mejor amiga? Escribe su retrato. (~100 palabras) |
Wie ist dein bester Freund oder deine beste Freundin? Schreibe sein oder ihr Portrait.
Diese Informationen soll das Portrait enthalten:

_____/18 Punkte

| ¿Cómo se llama? ¿Cuántos años tiene? ¿Dónde vive? ¿Tiene hermanos? ¿Cómo es? ¿Qué música escucha? ¿Qué hace? ¿Qué no hace? ¿Qué hacéis juntos? |
| --- |

_____

_____

_____

_____

_____

# KLASSENARBEIT B

**PRONUNCIACIÓN | AUSSPRACHE**

**1** **a** Ordena las palabras. | Sortiere die Wörter nach ihrer Betonung und
schreibe sie in die richtige Spalte.

_____ /4 Punkte
(8 x 0,5 Punkte)

| piso edad ordenador suerte catedral veces visita preferir |
|---|

| Betonung auf der vorletzten Silbe | Betonung auf der letzten Silbe |
|---|---|
| | |
| | |
| | |
| | |

🎧5 **b** Escucha las palabras y controla tus respuestas. | Höre dir die Wörter an und kontrolliere dich selbst.

**COMPRENSIÓN ORAL | HÖRVERSTEHEN**

🎧6 **2** **a** ¿Qué hay en la habitación de Lourdes? Escucha y marca las respuestas correctas. |
Höre zu und kreuze die richtigen Antworten an.

_____ /5 Punkte

☐ mochila          ☐ libro          ☐ ordenador          ☐ móvil
☐ estuche          ☐ DVD            ☐ gorra              ☐ cómics

🎧6 **b** Escucha otra vez y dibuja. | Höre noch einmal und zeichne mit Pfeilen ein,
wo sich die Gegenstände befinden. Achtung: Es gibt einen Gegenstand, der
nicht eingezeichnet werden kann.

_____ /5 Punkte

## VOCABULARIO | WORTSCHATZ

**3** Alba y su amiga juegan al escondite. La amiga se esconde y Alba cuenta de 20 a 0. Completa el globo de Alba y encuentra a su amiga. | Alba und ihre Freundin spielen Verstecken. Alba zählt von 20 rückwärts, während sich ihre Freundin versteckt. Ergänze die Zahlen und hilf Alba beim Suchen.

_____/10 Punkten
(20 x 0,5 Punkte)

1

Veinte, diecinueve, _____, _____,

_____, _____, _____,

_____, _____, _____,

_____, _____, nueve, _____,

siete, _____, _____, _____, tres,

dos, uno… ¡Voy!

¿Estás _____?

2

¿Estás _____?

3

¿Estás _____?

4

¿Estás _____?

¿Estás _____?

5

6

¿Estás _____?

7

8

¡Estás _____!

## GRAMÁTICA | GRAMMATIK

**4**   Elige la actividad **a** o **b**. | Wähle Aufgabe **a** oder **b** aus.

○   **a**   Roberto piensa en Lourdes y hace planes. Continúa las frases con las palabras y complétalas con una *a* si es necesario. | Roberto denkt an Lourdes und schmiedet Pläne. Vervollständige die Sätze wie im Beispiel und ergänze die Präposition *a*, wenn notwendig.

_____/ 4 Punkten
(8 x 0,5 Punkte)

> mi amiga Vega.   un SMS a Lourdes.   Lourdes mañana.   un regalo para ella.   su música favorita.
> una peli divertida.   pasar más tiempo contigo.   su libro favorito.   e-mails divertidos.

1. Quiero ver **a Lourdes mañana. ¿Qué hago?** _____

2. Escucho _____.

3. Mando _____.

4. Leo _____.

5. Busco _____.

6. Lourdes y yo escuchamos juntos _____.

7. Quedamos en el cine para ver _____.

8. Después, le escribo _____.

9. Le escribo también: Quiero _____.

●   **b**   Alba le hace muchas preguntas a Roberto. Conjuga los verbos y completa el texto. Completa con una *a* si es necesario. | Konjugiere die Verben und vervollständige den Text. Ergänze die Präposition *a*, wenn notwendig.

_____/ 5 Punkten
(10 x 0,5 Punkte)

**Alba:** _____ (*buscar*) mamá. ¿Dónde _____ (*estar*)?

**Roberto:** No sé.

**Alba:** ¿_____ (*pensar* / tú) en la chica de Madrid?

**Roberto:** No.

**Alba:** ¿Y cuándo _____ (*ver*) a tus amigos?

**Roberto:** Ni idea.

**Alba:** ¿No _____ (*tener* / ella) novio ya?

**Roberto:** Hm.

**Alba:** ¿Por qué no _____ (*ver* / nosotros) la tele juntos?

**Roberto**: Voy a _____ (*hacer*) los deberes ahora.

**Alba**: ¿Por qué no _____ (*hacer*) los deberes mañana?

**Roberto**: ¡_____ (*querer*) hacer los deberes AHORA!

**Alba**: ¿Por qué Lourdes y tú no _____ (*quedar*) en el cine?

**Roberto**: ¡Buena idea!

**5** ¿Cómo es el mundo de Lourdes? Cuenta como en el ejemplo. Usa *muy y bastante*. |    _____/7 Punkten
Wie ist Lourdes' Welt? Erzähle wie im Beispiel. Verwende *muy* und *bastante*.

| 1 | 2 | 3 | 4 | 5 | 6 | 7 | 8 |
|---|---|---|---|---|---|---|---|
| gut | klein | groß | interessant | neu | einfach | nett | lustig |

1. Sus ideas son muy buenas. _____

_____

_____

_____

_____

_____

_____

_____

**6** Juan y Juana buscan sus cosas. Completa con *nuestro, vuestro* und *su*. |    _____/9 Punkten
Ergänze mit *nuestro, vuestro* und *su*.

¿Dónde están _____ gorras?

¿_____ gorras? No sé.

Ja, ja, _____ gorras están encima de la estantería.

¿Dónde están _____ móviles?

¿_____ móviles? No sé.

Ja, ja, _____ móviles están encima del sofá.

¿_____ hermano? No sé.

Ja, ja, _____ hermano está detrás de la puerta.

¿Dónde está _____ hermano?

## MEDIACIÓN | SPRACHMITTLUNG

**7** Un e-mail de Lourdes. Lourdes escribe a la familia Kraus. Pero sólo el hijo Leon habla español. Entonces él resume el e-mail en alemán para su familia. | Lourdes hat eine E-Mail an Familie Kraus geschrieben. Aber nur der Sohn Leon spricht Spanisch und fasst die E-Mail für seine Familie auf Deutsch zusammen.

1. Fülle den Steckbrief von Lourdes aus.
_____ / 4 Punkten (8 x 0,5 Punkte)

2. Welche Fragen hat Lourdes an ihre Gastfamilie?
_____ / 3 Punkten

3. Was erzählt sie sonst noch?
_____ / 5 Punkten

---

**Para:** familie@kraus.de
**Asunto:** Pronto estaré con vosotros.

Querida familia Kraus:

Soy Lourdes y tengo 15 años. Pronto estaré en Heidelberg para vivir un mes en vuestra casa. Muchas gracias por vuestra hospitalidad. Tengo ganas de pasar este tiempo con vosotros y también de aprender el alemán. Hablo español, un poco de inglés y un poco de alemán. Pero todavía soy muy mala en alemán. En clase siempre pregunto mucho a la profe. Tengo suerte con ella, es muy simpática y siempre me contesta. ¿Habláis también un poco de inglés?

Yo soy de Madrid y mis abuelos todavía viven allí, pero ahora mi madre y yo estamos en Salamanca. Compartimos el piso con una profesora de Historia y su hija. ¿Cómo es vuestro piso?

Salamanca es una ciudad pequeña y muy bonita. En octubre, Leon tiene que visitar a mi familia aquí. La gente es muy simpática, hay muchos monumentos interesantes y parques grandes.

Después del instituto, tomo algo y hago los deberes. Luego quedo con mis amigas en la Plaza Mayor, charlamos y escuchamos música en el móvil. Mi estrella es Haze. Es de Sevilla y su música es una mezcla de rap y de flamenco tradicional.

Tengo que hacer mi mochila para Heidelberg todavía. ¿Qué necesito para mi visita?

Tengo muchas ganas de conoceros. Hasta pronto y «liebe Grüße»,
Lourdes

Alter: _____     Herkunft: _____

Sprachen: _____     Wohnort: _____

Hobbys: _____

Lourdes' Fragen: _____

_____

_____

Was Lourdes sonst noch erzählt: _____

_____

_____

## EXPRESIÓN ESCRITA | TEXTPRODUKTION

**8** En Heidelberg Lourdes cuenta más sobre Haze a su nuevo amigo Leon, que no lo conoce. ¿Qué dice? Escribe ocho frases sobre él. | Lourdes erzählt Leon mehr über Haze, der den Sänger nicht kennt. Was sagt sie? Schreibe acht Sätze über ihn.

_____ / 20 Punkten

**Nombre civil:** Sergio López Sanz
**Año de nacimiento:** 1983
**Procedencia:** Sevilla, España
**Novia:** no tiene
**Hijos:** todavía no
**Se dedica a:** cantar, escribir canciones (también para películas), dar charlas para alumnos con problemas
**Tipo de música:** una mezcla de rap y hiphop con elementos de flamenco
**Cedés:** Crónicas del barrio, El precio de la fama, 3RD round, Doctor Haze
**Pasatiempos favoritos:** rapear, leer, la tele
**Estrellas:** Rafael Nadal, Lionel Messi, Cristiano Ronaldo

_____

_____

_____

_____

_____

# 3 ¿QUÉ HORA ES?

## KLASSENARBEIT A

### COMPRENDER EL TEXTO | LESEVERSTEHEN

**El fin de semana en casa de Roberto**

Por fin llega el fin de semana. La familia de Roberto está en el salón. Quieren hacer algo juntos, pero ¿qué?

**El padre:** Bueno, ¿qué hacemos?

**Alba:** ¿Vamos al cine? Hay una película muy divertida en los cines Multiplex.

**Adrián:** Pero esa película empieza a las once en punto y ya son las once menos cuarto.

**El padre:** Sí, es verdad. Ya es muy tarde para ir. ¿Quién quiere ir a Toledo?

**Adrián:** ¡¿A Toledo?! ¡No, por favor!

**El padre:** ¿Por qué?

**Adrián:** Porque no quiero pasar tres horas en el coche[1] con mis hermanos para llegar allí. ¿Por qué tenemos que hacer algo juntos? ¡Yo estoy muy bien en casa!

**Alba:** ¡Tú sólo quieres estar solo en casa con Carla y ver DVD!

**La madre:** ¿Por qué no vamos a tomar algo en una cafetería de la Plaza Mayor? Después podemos ir al centro cultural. Hay una exposición de fotos de Bogotá. Creo que es muy interesante. ¿Y no es de Bogotá el nuevo amigo de Roberto? ¿Cómo se llama el chico? ¿Sergio? Eh… ¡Roberto!

Pero Roberto no contesta a su madre, no escucha, todavía sueña un poco…
*rin rin*… ¡Ah, el teléfono!

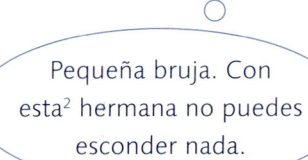

Pequeña bruja. Con esta[2] hermana no puedes esconder nada.

**El padre:** ¿Diga?

**Diego:** Hola, señor. Soy Diego, ¿puedo hablar con Roberto, por favor?

**El padre:** Sí, está a mi lado. Un momento… Roberto, es tu amigo Diego. Eh… ¡Roberto! ¡¿Me escuchas?! ¡Es para ti!

**Roberto:** Uy, gracias… Hola, Diego, ¿qué tal?

**Diego:** Bien, bien. Oye, ¿tienes tiempo mañana?

**Roberto:** Sí, claro. ¿Qué quieres hacer?

**Diego:** Es el cumpleaños de mi hermana y ella quiere hacer *karting*[3]. ¿Tienes ganas de venir con nosotros?

**Roberto:** ¿Hacer *karting*? ¡Estupendo! Pero… no tengo dinero.

**Diego:** Tranquilo, yo tengo. ¿Quedamos a las cuatro en mi casa?

**Roberto:** Uf, a las cuatro no puedo, estamos en casa de los abuelos por la tarde. ¡Qué rollo!

**La madre:** Pero, hijo, ¿qué te pasa hoy? ¿Todavía estás dormido?[4] Estamos con los abuelos ¡por la mañana! Podemos volver a las tres y media.

**Roberto:** ¡Qué suerte! Diego, mañana a las cuatro estoy en tu casa. Chao, ¡hasta mañana!

**Diego:** Hasta luego.

**1** el coche *das Auto*    **2** esta *hier: diese*    **3** hacer karting *Kart fahren*    **4** ¿Todavía estás dormido? *Schläfst du etwa noch?*

**1** **a** Lee el texto y marca las frases con verdadero, falso o «no está». | Lies den Text und kreuze die richtige Antwort an: wahr (V), falsch (F) oder „nicht im Text" (*no está*).

|  | V | F | No está |
|---|---|---|---|
| 1. Es un día de la semana. | ☐ | ☐ | ☐ |
| 2. La familia quiere hacer algo todos juntos. | ☐ | ☐ | ☐ |
| 3. No saben qué hacer. | ☐ | ☐ | ☐ |
| 4. Adrián no puede esconder nada de Alba. | ☐ | ☐ | ☐ |
| 5. Roberto sueña con Cristina. | ☐ | ☐ | ☐ |

**b** Lee el resumen, subraya los errores y corrígelos (un error por frase). |
Lies die Zusammenfassung, unterstreiche die Fehler und korrigiere sie in
der Zeile darunter (ein Fehler pro Satz).

_____/15 Punkten
(10 x 1,5 Punkte)

1 El fin de semana la familia de Diego quiere hacer algo todos juntos, pero todos quieren hacer algo diferente.

_____

2 Alba quiere ir al cine, pero la película empieza en cinco minutos. 3 El padre quiere visitar Toledo, pero son

_____

tres horas y media en coche. 4 Adrián prefiere ir a la bolera. 5 La madre quiere quedar con una amiga en la

_____

Plaza Mayor. 6 Después quiere ver las fotos de Bogotá en el centro comercial. 7 De repente viene Diego.

_____

8 Quiere quedar con Roberto esta tarde para hacer *karting*. 9 Roberto tiene ganas de ir, pero tiene dos

_____

problemas: no tiene dinero y mañana por la tarde tiene que hacer los deberes. 10 Al final Roberto sí puede ir

_____

porque Diego tiene dinero para los dos y la familia de Roberto está con los tíos por la mañana, no por la tarde.

_____

## VOCABULARIO | WORTSCHATZ

**2** ¿Cuándo es su cumpleaños? Contesta como en el ejemplo. | Antworte wie im Beispiel.   _____/6 Punkten

| el príncipe Felipe | Shakira | Lionel Messi | Juanes | Selena Gómez | Penélope Cruz | David Villa |
|---|---|---|---|---|---|---|
|  1 |  2 |  3 |  4 |  5 |  6 |  7 |
| 30.1.1968 | 2.2.1977 | 24.6.1987 | 9.8.1972 | 22.7.1992 | 28.4.1974 | 3.12.1981 |

**Ejemplo:** 1. El cumpleaños del príncipe Felipe es el 30 de enero de 1968.

_____

_____

_____

_____

_____

_____

## GRAMÁTICA | GRAMMATIK

**3**   Elige la actividad **a** o **b**. | Wähle Aufgabe **a** oder **b** aus.

○   **a** ¿Qué hora es? Escribe la hora y la parte del día. | Gib die Uhr- und die Tageszeit an.          _____/6 Punkten

1    _____

4    _____

2    _____

5    _____

3    _____

6    _____

●   **b** En la estación de autobuses de Salamanca. Haz minidiálogos según el ejemplo. |          _____/10 Punkten
Frage nach der Ankunfts- bzw. Abfahrtszeit und beantworte die Frage anschließend.
Schreibe die Uhrzeiten aus.

| Salidas / Departures ➤ | | | | Llegadas / Arrivals ◄ | | |
|---|---|---|---|---|---|---|
| Hora | Andén | Destino | | Hora | Andén | Origen |
| 10:45 | 24 | Madrid | | 10:50 | 21 | Córdoba |
| 16:15 | 25 | Toledo | | 17:50 | 31 | Segovia |
| 13:15 | 27 | Cuenca | | 08:30 | 16 | Manzanares |

**Ejemplo:** Javier / llegar de / Córdoba
¿A qué hora llega Javier de Córdoba? –Javier llega a las once menos diez.

1. Selena y Cristina / irse a / Toledo

_____

2. Tú / irse a / Madrid

_____

3. David y Julia / llegar / Segovia

_____

4. Vosotros / irse a / Cuenca

_____

5. Vosotros / llegar / Manzanares

_____

**4**  Vega y Laura quieren quedar, pero a veces no es fácil. Completa el diálogo con las formas correctas de *poder*, *volver* y *contar*. | Ergänze den Dialog mit den richtigen Formen von *poder*, *volver* und *contar*. Wenn du den Kasten benutzt, ist die Übung einfacher und du musst zwei Punkte von deinem Ergebnis abziehen.

_____/5 Punkten
(10 x 0,5 Punkte)

**Vega**: Hola, ¿_____ (1) quedar hoy a las seis? Mañana hay fiesta en el centro cultural y quiero

comprar una camiseta nueva.

**Laura**: No, no _____ (2). Estoy sola con Manuel. Y mi madre y su novio _____ (3) a

casa a las nueve.

**Vega**: ¿Y no _____ (4) venir con él?

**Laura**: ¿Qué? No, ¡por favor! Pero tengo una idea: ¿Cristina no _____ (5) ir contigo?

**Vega**: No, queda hoy con Roberto. Y él ya _____ (6) toda la semana[1] de Cristina…

**Laura**: Vale. Ellos no _____ (7) ir contigo. ¿Y tu madre?

**Vega**: No está. _____ (8) a las ocho de la tarde.

**Laura**: ¿No _____ (9) ponerte tu camiseta favorita y ya está?

**Vega**: No, Cristina tiene la misma[2] y la fiesta es muy importante para mí…

**Laura**: Pues tengo una idea: ¡_____ (10) ponerte mi camiseta nueva de la rana! ¿Qué te parece?[3]

**1** toda la semana *die ganze Woche*     **2** la misma *dieselbe*     **3** ¿Qué te parece? *Was hältst du davon?*

1 poder  2 poder  3 volver  4 poder  5 poder  6 contar  7 poder  8 volver  9 poder  10 poder

**5** Quieres visitar Toledo con tus padres. Buscáis información en Internet, pero tus padres no hablan español. Contesta sus preguntas. | Du willst mit deinen Eltern nach Toledo fahren. Ihr sucht Informationen im Internet, aber deine Eltern verstehen kein Spanisch. Beantworte ihre Fragen.

_____ /12 Punkten

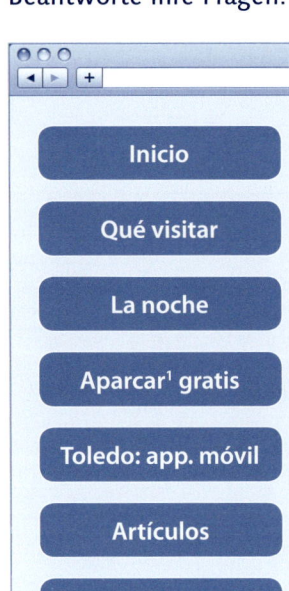

Inicio

Qué visitar

La noche

Aparcar[1] gratis

Toledo: app. móvil

Artículos

Fotos

Hoteles

## *Bienvenido a Toledo*

Toledo es una ciudad de leyendas, curiosidades y anécdotas. Descubre sus mágicas plazas, sus calles llenas de historia, sus monumentos y sus rutas turísticas. En el centro histórico puedes ver un mundo muy interesante: cafés, restaurantes, museos y tiendas[2] con los productos típicos de la región. Allí puedes comprar un recuerdo[3] para tus amigos, tomar el famoso mazapán de Toledo y, al mismo tiempo, aprender mucho sobre la historia de España. ¿Quieres ver Toledo, pero de una forma diferente? ¡Con la información de nuestra página web sí puedes!

el mazapán de Toledo

Alcázar

### Un día en Toledo

¿Por qué no empiezas tu visita a Toledo en uno de los cafés de la Plaza Mayor? Después puedes ir al Puente de Alcántara y ver el Río Tajo. Allí puedes ver también las murallas[4] romanas, que son muy características de Toledo. Después puedes entrar de nuevo en la ciudad por la Puerta del Sol. Otros monumentos muy importantes son la Catedral, el Alcázar, la Mezquita[5] del Cristo de la Luz, la Sinagoga de Santa María la Blanca, el Museo de El Greco y muchos más… El horario de visitas de estos cinco monumentos es de 10.00 a 18.45 horas del 1 de abril al 30 de septiembre y de 10.00 a 17.45 horas del 1 de octubre al 30 de abril.

### Toledo para llevar contigo

Con un móvil inteligente puedes descargar[6] gratuitamente la aplicación «eToledo», con la historia de la ciudad, fotos, noticias, etc. *Haz clic aquí para más información*.
Con un lector de libros digitales o un iPad también puedes descargar el libro «La ciudad de Toledo», con una interesante selección de leyendas y artículos de esta página web. *Más información aquí*.

| | | |
|---|---|---|
| **1** aparcar *parken* | **3** el recuerdo *das Souvenir* | **5** la mezquita *die Moschee* |
| **2** la tienda *der Laden* | **4** la muralla *die Mauer* | **6** descargar *downloaden* |

1. Kann man sich Fotos von Toledo ansehen? Wenn ja, wo muss man dafür klicken?

2. Kann man das Auto irgendwo umsonst parken?

_____

3. Welche Sehenswürdigkeiten kann man sich ansehen (drei Beispiele)?

_____

4. Wie sind die Öffnungszeiten?

_____

5. Was gibt es Typisches in Toledo zu essen?

_____

6. Kann man sich die Informationen auch auf das Smartphone downloaden? Wenn ja, welche?

_____

## EXPRESIÓN ESCRITA | TEXTPRODUKTION

**6** ¿Cómo es tu día ideal? ¿Qué haces cuándo? ¿Qué no haces? Usa al menos ocho de las palabras y escribe entre diez y doce frases. | Wie sieht dein idealer Tag aus? Was machst du wann? Was machst du nicht? Verwende mindestens acht Wörter aus dem Kasten und schreibe zehn bis zwölf Sätze.

_____/ 20 Punkten

| de la tarde | primero | después | levantarse | ir a... | ver | hablar con... | ducharse |
| acostarse | quedar con... | hacer | sorpresa |

_____

_____

_____

_____

_____

_____

_____

_____

# KLASSENARBEIT B

### COMPRENSIÓN ORAL | HÖRVERSTEHEN

🎧7 **1** **a** Diego habla con Carlitos por Internet. Mira los dibujos: ¿cómo se dice en español?
Después escucha el texto y marca las actividades que escuchas con una cruz. |
Sieh dir die Zeichnungen an: Wie lauten die Aktivitäten auf Spanisch?
Höre dann den Text und kreuze die Aktivitäten an, die du hörst.

_____/10 Punkten

_____  _____  _____  _____  _____

_____  _____  _____  _____  _____

🎧7 **b** Escucha otra vez el texto y marca las respuestas correctas. |
Höre noch einmal und kreuze die richtigen Antworten an.

_____/6 Punkten

1. Hoy todo es aburrido para
   [a] Diego.   [b] Carlitos.   [c] los dos chicos.

2. Carlitos no tiene mucho tiempo para Diego
   porque tiene que
   [a] buscar un regalo para Sandra.
   [b] hacer los deberes de Inglés.
   [c] ir al centro comercial con su padre.

3. Diego no quiere ir al cine porque
   [a] no hay pelis buenas.
   [b] no quiere ir solo.
   [c] no tiene dinero.

4. Las hermanas de Diego vuelven
   [a] a las diez.
   [b] a las diez menos diez.
   [c] a las diez y media.

5. Al final Diego va
   [a] al centro comercial.
   [b] al centro cultural.
   [c] al centro de la ciudad.

6. Allí, ve a
   [a] un amigo de Roberto.
   [b] una amiga de Vega.
   [c] una amiga del instituto.

### VOCABULARIO | WORTSCHATZ

**2** ¿Cómo son estas personas? Escribe los adjetivos debajo de las imágenes correctas. |
Wie sind diese Personen? Beschrifte die Bilder mit den passenden Adjektiven.

_____/8 Punkten

majo_____  al_____  de_____  cu_____  tí_____

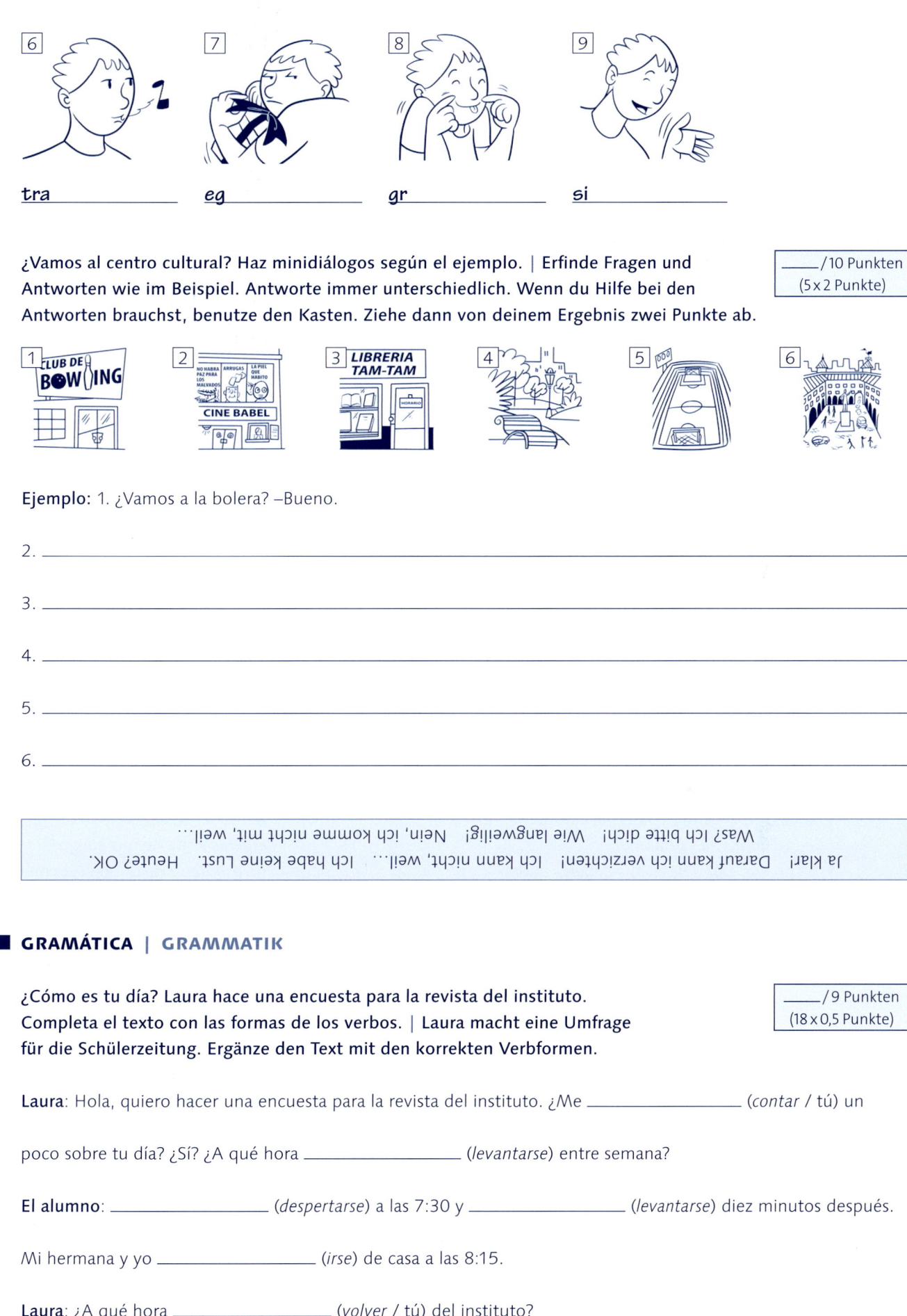

tra _____   eg_____   gr _____   si_____

**3** ¿Vamos al centro cultural? Haz minidiálogos según el ejemplo. | Erfinde Fragen und
Antworten wie im Beispiel. Antworte immer unterschiedlich. Wenn du Hilfe bei den
Antworten brauchst, benutze den Kasten. Ziehe dann von deinem Ergebnis zwei Punkte ab.

_____ / 10 Punkte
(5 x 2 Punkte)

Ejemplo: 1. ¿Vamos a la bolera? –Bueno.

2. _____

3. _____

4. _____

5. _____

6. _____

Ja klar!   Darauf kann ich verzichten!   Ich kann nicht, weil...   Heute? OK.
Was? Ich bitte dich!   Wie langweilig!   Nein, ich komme nicht mit, weil...
Ich habe keine Lust...

---

**GRAMÁTICA | GRAMMATIK**

**4** ¿Cómo es tu día? Laura hace una encuesta para la revista del instituto.
Completa el texto con las formas de los verbos. | Laura macht eine Umfrage
für die Schülerzeitung. Ergänze den Text mit den korrekten Verbformen.

_____ / 9 Punkte
(18 x 0,5 Punkte)

**Laura:** Hola, quiero hacer una encuesta para la revista del instituto. ¿Me _____ (contar / tú) un

poco sobre tu día? ¿Sí? ¿A qué hora _____ (levantarse) entre semana?

**El alumno:** _____ (despertarse) a las 7:30 y _____ (levantarse) diez minutos después.

Mi hermana y yo _____ (irse) de casa a las 8:15.

**Laura:** ¿A qué hora _____ (volver / tú) del instituto?

**El alumno:** _____ (volver / yo) a las 15:00 y _____ (hacer) los deberes. Después

_____ (quedarse) en casa o llamo a un amigo y quedamos en el centro.

**Laura**: ¿Y a qué hora _____ (acostarse)?

**El alumno**: Yo _____ (acostarse) a las 23:00, pero mi hermana _____ (acostarse) más

tarde.

**Laura**: Gracias. ¿Y vosotras? ¿A qué hora _____ (levantarse)?

**Una de las alumnas contesta**: Bueno, _____ (despertarse / yo) a las 7:00, pero mis padres ya

_____ (despertarse) a las 6:30 y _____ (ducharse) primero. Después

_____ (ducharse) yo.

**Laura**: ¿Y _____ (irse / tú) al instituto en bus?

**La alumna**: Sí.

**Laura**: Vale, gracias y hasta luego.

**5** ¡Qué rollo! Hoy no es un buen día para Roberto. ¿Qué le propone el padre y qué le contesta Roberto? | Heute hat Roberto keinen guten Tag. Was schlägt der Vater ihm vor und was antwortet Roberto darauf?

_____ / 6 Punkten
(12 x 0,5 Punkte)

¿Por qué…
– siempre _volver_ tarde del instituto?
– nunca nos _contar_ a nosotros tu día en el instituto?
– no _irse_ al centro comercial con tu madre?
– no _dormir_ la siesta hoy?
– no _empezar_ a hacer tus deberes ahora?
– _poner_ esa cara?

Porque…
– _tener_ que estudiar con los amigos.
– no _tener_ ganas.
– siempre _ir_ (ella) con Alba.
– _esperar_ visita de mis amigos.
– no _acordarse_ de dónde está mi mochila.
– _querer_ ver la tele ahora.

1. _____

2. _____

3. _____

4. _____

5. _____

6. _____

**MEDIACIÓN | SPRACHMITTLUNG**

**6** Tu familia quiere preparar una tortilla española, pero sólo tenéis la receta en español. Contesta las preguntas de tu familia. | Deine Familie möchte eine spanische Tortilla zubereiten, aber ihr habt das Rezept nur auf Spanisch. Antworte auf die Fragen deiner Familie.

_____/ 6 Punkten

---

## Tortilla española

para 3 personas

### Ingredientes:

4 huevos

1/2 kilo de patatas

aceite de oliva para freír

un poco de sal

### Preparación:

1. Pelar las patatas y cortar en tacos cuadrados.

2. Freír las patatas en aceite y añadir[1] un poco de sal.

3. Batir los huevos con un poco de sal.

4. Añadir las patatas a los huevos y mezclar bien.

5. Freír la mezcla en aceite (~ 12 minutos).

6. Dar la vuelta[2] a la tortilla con un plato grande.

7. Freír por el otro lado (~ 10 minutos).

---

**1** añadir _dazugeben_     **2** dar la vuelta a algo _etw. umdrehen_

1. Welche Zutaten brauchen wir?

_____

_____

2. Für wie viele Personen ist die Menge gedacht?

_____

3. Wie lange müssen die beiden Seiten der Tortilla jeweils gebraten werden?

_____

**EXPRESIÓN ESCRITA | TEXTPRODUKTION**

**7** Carlitos todavía necesita un regalo para Sandra y quiere quedar hoy con su amigo
Pablo para buscar algo. Escribe el diálogo entre Carlitos y Pablo. (~120 palabras) |
Carlitos braucht noch ein Geschenk für Sandra und möchte sich mit seinem Freund
Pablo treffen, um etwas auszusuchen. Schaue in den Terminkalendern der beiden,
wann sie Zeit haben. Schreibe den Dialog zwischen Carlitos und Pablo. (~120 Wörter)

_____/20 Punkten

**Carlitos**

| 10:00 – 11:00 | Ir al concierto de mi hermana en el colegio |
| 12:15 – 13:00 | Ver mi serie de televisión favorita |
| 16:00 – 18:00 | Entrenamiento de fútbol[1] |

**Pablo**

| 11:00 – 12:00 | Hacer los deberes de Inglés con mi grupo |
| 14:30 – 16:30 | Ensayar con mi banda |
| 18:00 – 19:00 | Preparar arepas con mi hermano |

1 el entrenamiento de fútbol  *das Fußballtraining*

_____
_____
_____
_____
_____
_____
_____
_____
_____
_____
_____
_____

# 4 MI VIDA DE CADA DÍA

## KLASSENARBEIT A

### COMPRENDER EL TEXTO | LESEVERSTEHEN

**A Sandra no le gustan los lunes**

Lunes, seis de la mañana: llueve[1] y comienza la semana. Sandra no quiere levantarse. Hoy tiene siete horas de clase: dos horas de Lengua, una hora de Ciencias Naturales, una hora de Inglés, dos de Matemáticas y una de Educación Física. Lengua no es su fuerte y además hoy tiene que escribir una redacción. Quiere sacar un aprobado y todavía tiene que aprender su texto de memoria en el bus… En Naturales tiene un buen profe y es bastante buena, pero en Matemáticas siempre se aburre como una ostra. No entiende ni jota y la profe les pone muchos deberes. A Sandra todavía le faltan por hacer[2] dos ejercicios. Por lo menos[3] Educación Física mola mucho. Los chicos aprenden a jugar al voleibol y Sandra es la estrella de la clase. Todos quieren estar en su equipo.

Casi son las seis y media, ya es tarde para Sandra. Medio dormida, va al comedor y toma su desayuno. Pero ya no hay arepas, el chocolate está frío[4] y el bus para ir al colegio llega a las siete menos cuarto.

Sandra corre a la parada[5] y llega a las siete menos catorce, pero el bus ya no está. Tiene que esperar media hora en la parada y todavía llueve. Sandra está harta. Por fin llega el bus y Sandra sube. Busca el texto para la redacción en su mochila, pero no lo encuentra, así que no puede aprender el texto de memoria. ¿Cómo puede sacar un aprobado ahora? Sandra está muy nerviosa y tiembla[6] como un flan. Llega a su clase a las ocho y cuarto. Su profe de Lengua no está nada contento[7]. «Llegas muy tarde, Sandra. La clase empieza a las ocho ¡en punto! ¿Nunca te despiertas a tiempo[8]? Ahora tienes menos tiempo para hacer la redacción. Saca tu cuaderno, el tema está en la pizarra.» Sandra no encuentra su cuaderno; está en casa, encima de la mesa del comedor. ¡Qué horror!

…rin…rin…

Sandra se despierta y mira el móvil. Es lunes, son las seis de la mañana. Hoy tiene que escribir una redacción en la clase de Lengua. Está un poco nerviosa pero ya se sabe su texto de memoria. ¡Por suerte[9] sólo era una pesadilla[10]!

---

| | |
|---|---|
| 1 llueve *es regnet* | 6 tiemblar *zittern* |
| 2 faltar por hacer *noch getan werden müssen* | 7 no estar nada contento/-a *gar nicht zufrieden sein* |
| 3 por lo menos *wenigstens* | 8 a tiempo *rechtzeitig* |
| 4 frío/-a *kalt* | 9 por suerte *zum Glück* |
| 5 la parada *die Haltestelle* | 10 era una pesadilla *es war ein Albtraum* |

**1** **a** Pon los dibujos en el orden correcto. Escribe el número correcto en cada dibujo. |
Bringe die Zeichnungen in die richtige Reihenfolge und beschrifte sie mit der jeweiligen Zahl.

**b** Lee el texto y marca las frases con verdadero, falso o «no está en el texto». |
Lies den Text und kreuze die richtige Antwort an: wahr (V), falsch (F) oder
„nicht im Text" (*no está*).

_____/12 Punkten

|  | V | F | No está |
|---|---|---|---|
| 1. Es jueves. | ☐ | ☐ | ☐ |
| 2. A Sandra le gusta Lengua. | ☐ | ☐ | ☐ |
| 3. Hoy tiene un examen en la clase de Lengua. | ☐ | ☐ | ☐ |
| 4. Sandra quiere sacar una muy buena nota en Lengua. | ☐ | ☐ | ☐ |
| 5. A Sandra no le gustan las Matemáticas. | ☐ | ☐ | ☐ |
| 6. Sandra tiene que hacer los deberes de Matemáticas. | ☐ | ☐ | ☐ |
| 7. Sandra tiene un muy buen profe de Inglés. | ☐ | ☐ | ☐ |
| 8. Sandra juega muy bien al voleibol. | ☐ | ☐ | ☐ |
| 9. En el desayuno, Sandra come mucho. | ☐ | ☐ | ☐ |
| 10. Hoy los padres de Sandra no están. | ☐ | ☐ | ☐ |
| 11. Sandra llega tarde a la clase de Lengua. | ☐ | ☐ | ☐ |
| 12. Sandra todavía está dormida[1] y todo es una pesadilla. | ☐ | ☐ | ☐ |

**1** estar dormido/-a *noch schlafen*

## VOCABULARIO | WORTSCHATZ

**2** Completa tu horario para los lunes y los martes. | Ergänze deinen Stundenplan für
Montag und Dienstag.

_____/6 Punkten
(12 x 0,5 Punkte)

| | HORA | LUNES | MARTES |
|---|---|---|---|
| 1 | | | |
| 2 | | | |
| 3 | | | |
| 4 | | | |
| 5 | | | |
| 6 | | | |
| 7 | | | |

**3** Elige la actividad a o b. | Wähle Aufgabe a oder b aus.

**a** A Sandra siempre le duele algo los lunes por la mañana. Completa el dibujo con las partes del cuerpo. | Am Montagmorgen tut Sandra immer etwas weh. Ergänze das Bild mit den spanischen Bezeichnungen der Körperteile.

_____/4,5 Punkten
(9 x 0,5 Punkte)

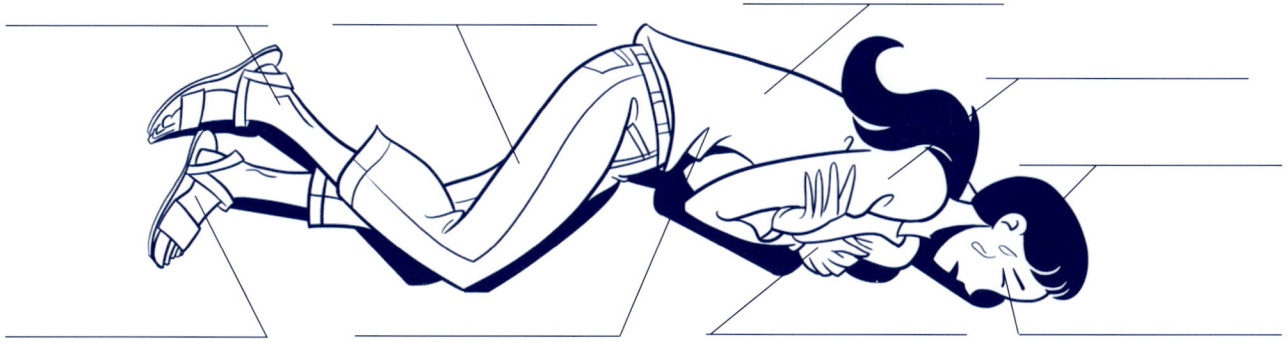

**b** ¿Qué le duele a Sandra los lunes? Escribe seis frases como en el ejemplo. | Was tut Sandra montags weh? Schreibe sechs Sätze wie im Beispiel.

_____/6 Punkten

**Ejemplo:** A Sandra le duelen los pies.

Denke daran, *doler* richtig zu konjugieren.

_____

_____

_____

_____

_____

_____

**GRAMÁTICA | GRAMMATIK**

**4** Elige la actividad a o b. | Wähle Aufgabe a oder b aus.

**a** ¿Qué (no) saben o (no) pueden hacer los chicos? Subraya el verbo correcto. | *Saber* oder *poder*? Unterstreiche das richtige Verb.

_____/6 Punkten

Sandra no **sabe/puede** escribir un SMS a Diego.

Carlitos **sabe/puede** tocar la guitarra muy bien.

La amiga de Sandra no **sabe/puede** bailar.

4

Diego **sabe/puede** dibujar[1] muy bien.

5

Sandra no **sabe/puede** cantar.

6

La abuela de Sandra no **puede/sabe** usar el móvil.

1 dibujar *zeichnen*

**b** Completa con la forma del verbo adecuado. | Ergänze die passende Verbform.

_____/7 Punkten
(14 x 0,5 Punkte)

| salir    dar    poder    saber    morirse    jugar |

1. Hoy no _____ (nosotros) quedar porque _____ (yo) al fútbol con mi equipo.

2. ¿_____ (tú) ayudarme[1] con los deberes de Mates? –Ahora no _____ (yo) porque

_____ con mis amigos. Vamos al cine.

3. ¿Por qué no _____ (vosotros) al ping-pong conmigo? –No _____ porque _____

de hambre. ¿Por qué no _____ (tú) a un videojuego?

4. ¿_____ (vosotros) el texto de la canción de Lady Gaga de memoria? –Sí, claro. Pero no

_____ (nosotros) cantar la canción delante de todos porque no _____ cantar muy bien.

5. Te _____ (yo) el libro mañana, ¿vale? Hoy no _____ (yo) porque todavía tengo que leer el

texto.

1 ayudarme *mir helfen*

**5** A veces Sandra tiene un mal día y todos le dan órdenes ¿Qué le dicen? Escribe las órdenes. | Manchmal hat Sandra einen schlechten Tag und alle geben ihr Befehle. Was sagen sie ihr? Schreibe die Befehle auf.

_____/4 Punkten
(8 x 0,5 Punkte)

| ~~bajar~~ la música    *salir* al patio    *levantarse*    *irse* al instituto    *leer* el texto    *estudiar* para el examen
*escribir* los resultados en tu cuaderno    *poner* atención    *tener* cuidado con la puerta |

**Ejemplo:** Baja la música.

_____

_____

_____

_____

_____

_____

_____

_____

**6** Sandra escribe un mensaje a Diego. Completa su mensaje con las formas de
*mucho*, *poco*, *bueno* y *malo*. | Ergänze mit den richtigen Formen von *mucho*,
*poco*, *bueno* und *malo*.

_____/4 Punkten
(8 x 0,5 Punkte)

```
○○○
      Para: Diego
  ☰▾ Asunto: Saludos

  Hola Diego:

  ¿Qué tal en Salamanca? ¿Tienes _____ vacaciones? Hoy tengo un _____ día ☹. Sólo

  tengo _____ tiempo para escribir. Este año¹ quiero sacar _____ notas, pero en Lengua

  tengo un _____ profe ☹. En la clase tenemos que escribir _____ redacciones, pero

  escribir textos no es mi fuerte ☹. Aprendo _____ textos de memoria. ¿Crees que es una

  _____ idea? ¿Me escribes pronto?

  Un abrazo²,

  Sandra
```

**1** este año *dieses Jahr*     **2** un abrazo *eine Umarmung*

**7** ¿Qué les gusta (hacer) a Sandra y sus amigos? | Was mögen Sandra und ihre Freunde?
Was machen sie gerne? Schreibe in dein Heft.

_____/7 Punkten

| Carlitos | Sandra | Yo | Nosotros | David y Javier | Tú | Vosotros |

**EXPRESIÓN ESCRITA | TEXTPRODUKTION**

**8** La clase de Sandra pasa un fin de semana en el parque natural Chingaza. Escribe la historia (diez a doce frases). | Sandras Klasse verbringt ein Wochenende in dem Naturpark Chingaza. Schreibe die Geschichte (zehn bis zwölf Sätze). Verwende Konnektoren, um den Text flüssiger zu gestalten.

_____ / 20 Punkte

Mache dir vor dem Schreiben Notizen, welche spanischen Wörter du für jedes Bild verwenden willst!

Vocabulario:
una tienda de campaña *ein Zelt*
montar *aufbauen*

La clase de Sandra pasa un fin de semana en el parque natural Chingaza.

_____

_____

_____

_____

_____

_____

_____

_____

_____

_____

_____

_____

# KLASSENARBEIT B

## COMPRENSIÓN ORAL | HÖRVERSTEHEN

🎧8 **1** **a** Lee las frases. Después escucha el programa de radio sobre la vida en el instituto y decide de quién se habla. ¿De Saúl o de Jaume? | Lies dir die Sätze durch und höre dann die Radiosendung über das Leben in der Schule. Schreibe, um wen es sich bei den Sätzen handelt.

_____/5 Punkten
(10 x 0,5 Punkte)

1. Su instituto es grande. _____

2. Se levanta a las cinco y media de la mañana. _____

3. Su profe de Matemáticas sabe explicar muy bien. _____

4. Tiene un buen profe de Informática. _____

5. Va en microbús al instituto. _____

6. Come en el comedor de su instituto. _____

7. Sus profesores son muy estrictos. _____

8. Aprende a escribir en wikis. _____

9. Juega al fútbol en el equipo del instituto. _____

10. Aprende mucho de memoria. _____

🎧8 **b** Escucha otra vez el texto y completa la tabla. | Höre dir den Text nochmals an und ergänze die Tabelle.

_____/13 Punkten

|  | JAUME | SAÚL |
|---|---|---|
| edad |  |  |
| tiene clase desde … hasta … |  |  |
| asignatura(s) favorita(s) |  |  |
| lo mejor del instituto |  |  |

🎧9 **2** Escucha a Jaume y completa el horario de su día favorito. ¿Qué día es? | Höre Jaume zu und ergänze den Stundenplan von seinem Lieblingstag. Welcher Wochentag ist das?

_____/7 Punkten

| HORA | DÍA: |
|---|---|
| 1 |  |
| 2 |  |
|  | Recreo |
| 3 |  |
| 4 |  |
|  | Comida |
| 5 |  |
| 6 |  |

**VOCABULARIO | WORTSCHATZ**

**3** Completa la lista de las notas con las palabras españolas. | Ergänze die Liste mit den spanischen Bezeichnungen der Noten.

_____ / 4 Punkten

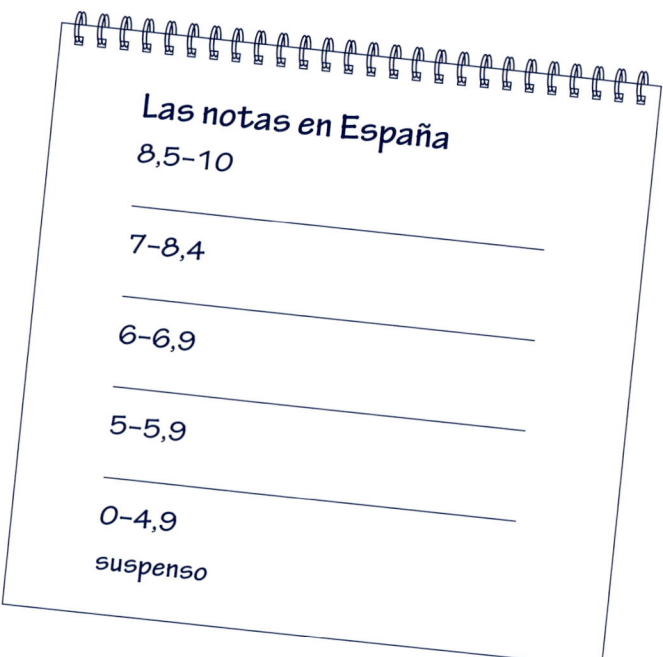

Las notas en España
8,5–10
_____
7–8,4
_____
6–6,9
_____
5–5,9
_____
0–4,9
suspenso

**4** ¿Cómo están los chicos hoy? Escribe frases como en el ejemplo. Con las palabras en el recuadro es más fácil. | Wie geht es den Jugendlichen heute und warum? Schreibe Sätze wie im Beispiel. Wenn du die Wendungen aus dem Kasten benutzt, ist die Übung leichter. Ziehe dir dann drei Punkte von deinem Ergebnis ab.

_____ / 9 Punkten
(6 x 1,5 Punkte)

María      Nosotros      Elena y Marisol

Tú      Yo      Vosotros

**Ejemplo:** 1. María está <u>sola</u> en el recreo porque es nueva en el instituto.

_tener_ un notable en el examen      no _tener_ los deberes de Matemáticas      _doler_ la cabeza      _tener_ entradas para el cine      _hacer_ muchas preguntas

_____

_____

_____

_____

_____

_____

## GRAMÁTICA | GRAMMATIK

**5** Antes de la Semana Blanca, la familia de Roberto le hace muchas preguntas. ¿Qué contesta él? Cuidado con el pronombre de complemento indirecto. | Vor der Semana Blanca stellt Robertos Familie ihm viele Fragen. Was antwortet er? Achte auf das indirekte Objektpronomen.

_____/4 Punkten

1. Hijo, ¿me llamas desde Bareira?

   –Sí, _____

2. ¿Mandas una foto a tu tío con tu móvil?

   –Claro, _____

3. ¿Escribes una postal a tus abuelos?

   –Bueno, _____

4. ¿Después nos cuentas todo?

   –No, no _____

**6** María habla con sus nuevos amigos. ¿Qué les gusta ☺ / les gusta mucho ☺ ☺? ¿Qué no les gusta ☹? Escribe las respuestas. | Maria spricht mit ihren neuen Freunden. Was gefällt ihnen (sehr)? Was gefällt ihnen nicht? Schreibe die Antworten.

_____/9 Punkten

1. ¿Os gusta ir a la bolera?

   –Sí, ☺ _____

2. ¿Te gustan las películas de Gael García Bernal?

   –Sí, ☺ ☺ _____

3. ¿Le gusta el nuevo cedé de Lady Gaga?

   –No, ☹ _____

4. ¿Os gusta esquiar?

–Sí, a mí ☺ ☺ _____, pero a ellos ☹ _____

5. ¿Os gusta el fútbol?

–No, a mí ☹ _____, pero a ella sí ☺ _____

6. ¿Os gustan las gorras de los chicos?

–A nosotras ☺ _____, pero a él ☹ _____

## MEDIACIÓN | SPRACHMITTLUNG

**7** Estás de vacaciones con tu familia en Madrid y queréis hacer un poco de deporte. En la oficina de turismo encuentras este folleto, pero en tu familia sólo tú hablas español. Lee el folleto y contesta sus preguntas. | Du bist mit deiner Familie in Madrid in den Ferien und ihr wollt ein bisschen Sport machen. In der Touristeninformation findest du dieses Prospekt, aber du bist in deiner Familie der/die Einzige, der/die Spanisch spricht. Lies das Prospekt und beantworte die Fragen deiner Familienmitglieder.

_____/8 Punkten

1. Welche Sportarten werden angeboten (nenne fünf Sportarten)?

5 x 0,5 Punkte

_____

2. Wo kann man den Abenteuersport machen?

5 x 0,5 Punkte

_____

3. Sind das die endgültigen Preise?

2 x 0,5 Punkte

_____

4. Gibt es auch Rabatte?

5. Wo bekommen wir mehr Informationen?

1 Punkt

---

## EXPRESIÓN ESCRITA | TEXTPRODUKTION

**8** Jaume y Sara son buenos amigos. Hoy quedan en casa de Sara y charlan del instituto. Escribe el diálogo. | Jaume und Sara sind gute Freunde. Heute treffen sie sich bei Sara und reden über die Schule. Schreibe den Dialog in dein Heft.

_____ / 20 Punkten

1. Jaume begrüßt Sara und fragt, wie es ihr geht.

2. Sara antwortet, dass es ihr nicht gut geht, weil sie morgen einen Aufsatz im Spanischunterricht (*Lengua*) schreiben muss und das nicht ihre Stärke ist.

3. Jaume beruhigt Sara und sagt, dass sie keine Angst vor dem Aufsatz haben muss. Er sagt, dass man in Spanisch (*Lengua*) immer etwas schreiben kann.

4. Sara sagt, dass es für sie sehr schwierig ist und sie keine schlechte Note bekommen will.

5. Jaume antwortet, dass er das versteht und dass Spanisch (*Lengua*) auch nicht seine Stärke ist. Er sagt, dass er Naturwissenschaften lieber mag, weil er immer Einsen bekommt.

6. Sara ärgert Jaume und sagt, dass er ein Streber ist. Naturwissenschaften gefallen ihr nicht. Sie erzählt, dass sie sich im Unterricht sehr langweilt und nichts versteht. Ihr Lieblingsfach ist Sport.

7. Jaume meint, dass er Sport auch mag, weil er gerne Fußball spielt. Er erzählt, dass seine Mannschaft am Mittwoch ein Spiel gegen die Ramón-Llull-Schule hat. Er fragt Sara, ob sie kommen will.

8. Sara sagt zu. Dann sagt sie, dass sie jetzt den Aufsatz vorbereiten muss.

9. Jaume fragt, was sie vorbereiten möchte, um den Aufsatz zu schreiben.

10. Sara sagt, dass sie die Aufsätze in ihrem Heft lesen und ein paar Sätze auswendig lernen möchte.

11. Jaume findet, dass das eine gute Idee ist und schlägt vor, gemeinsam zu arbeiten.

## KLASSENARBEIT A

/82 Punkten

**COMPRENDER EL TEXTO | LESEVERSTEHEN**

# NUESTRO ESPACIO

Mi hermana me tiene harto

Tengo un «gran problema»: estoy harto de mi hermana pequeña. Cuando mis amigos me visitan en casa, ella se mete en medio y no nos deja en paz. Compartimos habitación y no tengo mi espacio. Cuando estoy en el ordenador, lo desenchufa[1]. Entonces me enfado mucho... Tampoco puedo hablar por teléfono a mi aire, porque ella escucha todo y claro, ¡la bruja también es una chivata! No la aguanto más. Sólo quiero poder estar a solas con mis amigos de una vez. ¿Pido demasiado?

Carlos, 12 años

No puedo dejar de pensar

Tengo una pregunta: ¿qué hacéis para dejar de pensar? Cuando me acuesto, siempre tengo muchos pensamientos[2] en la cabeza: el examen de Mates que tengo que aprobar, el chico gracioso de la clase B que me gusta, el texto para el grupo del teatro que todavía no sé de memoria o el partido de baloncesto que tenemos que ganar... A veces me pongo como un flan. Y, claro, no puedo dormir bien, porque no puedo dejar de pensar. ¿Qué puedo hacer?

Carla, 13 años

Mis amigos pasan de mí...

Os escribo porque mis amigos este año están pasando de mí y ya no me hacen demasiado caso[3]. Además, mi mejor amigo está hablando mal de mí porque no llevo ropa de marca como los otros y dice que soy un empollón. He intentado[4] hacer muchas cosas, pero todo sigue igual[5]. Cuando les hablo, no me escuchan. No les entiendo. ¿Por qué la situación no puede volver a ser[6] como antes? Estos problemas son bastante agotadores y ya no sé qué hacer... Estoy muy triste. ¡Ayúdadme, por favor!

Marco, 14 años

¿Cómo gustar a los chicos?

Quiero salir con un chico muy majo y muy bonito: es alto, moreno y tiene unos ojos tan verdes... Pero él todavía no me conoce y yo soy muy tímida, no sé qué puedo hacer para gustarle. ¿Tenéis consejos para mí?

Mariela, 13 años

(según Okapi 06/2009, p. 47–49, texto adaptado)

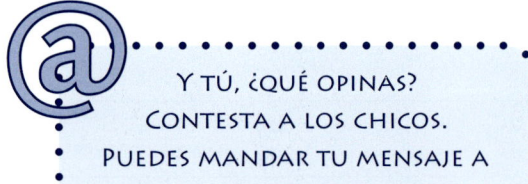

Y TÚ, ¿QUÉ OPINAS?
CONTESTA A LOS CHICOS.
PUEDES MANDAR TU MENSAJE A
TU-ESPACIO@CHICOS.COM

---

1 desenchufar algo *den Stecker von etw. herausziehen*
2 el pensamiento *der Gedanke*
3 hacer caso a alg. *jdn beachten*
4 he intentado *ich habe versucht*
5 todo sigue igual *alles bleibt wie bisher*
6 volver a ser *wieder so sein*

**1** **a** Relaciona los dibujos con los chicos. Escribe el nombre del chico correcto debajo de cada dibujo. | Wer wird auf den Zeichnungen jeweils dargestellt? Schreibe den richtigen Namen unter jede Zeichnung. Achtung: eine Zeichnung ist zu viel.

_____/4 Punkten

_____          _____          _____

_____          _____

**b** Lee los textos y combina las frases correctas. | Lies dir die Zuschriften durch und verbinde die passenden Satzteile.

_____/15 Punkten
(10 x 1,5 Punkte)

1. Carlos tiene bronca con su hermana

2. Cuando Carlos está en la habitación con sus amigos,

3. Carlos sólo quiere

4. Cuando Carla está en la cama,

5. Carla quiere

6. Marco está triste

7. El mejor amigo de Marco

8. Marco ya no

9. Mariela quiere

10. Mariela tiene un poco de miedo de

a porque sus amigos ya casi no le hablan.

b estar tranquila y dormir bien.

c hablar con el chico que le gusta.

d entiende a sus amigos.

e tener su espacio y sus secretos.

f gustarle a un chico bonito.

g siempre piensa en muchas cosas.

h porque esta no le deja nunca en paz.

i ahora lo llama empollón.

j su hermana siempre está con ellos.

## VOCABULARIO | WORTSCHATZ

**2**  Elige la actividad a o b. | Wähle Aufgabe a oder b aus.

**a** Colorea al chico según la descripción. | Male den Jungen so aus, wie er beschrieben wird.

_____/4 Punkten
(8 x 0,5 Punkte)

El chico tiene el pelo castaño y los ojos verdes. Lleva una gorra blanca, un jersey rosa y una cazadora roja. Los vaqueros son azules y las zapatillas son amarillas. Su perro es negro.

**b** Describe a la chica. Mira la lista de los colores y elige un color para cada prenda. | Beschreibe das Mädchen wie in a. Schau dir die Liste der Adjektive an und suche für jedes Kleidungsstück und das Fahrrad eine Farbe aus.

_____/8 Punkten

| blanco | amarillo | rosa | rojo | azul | verde | moreno | castaño | negro |

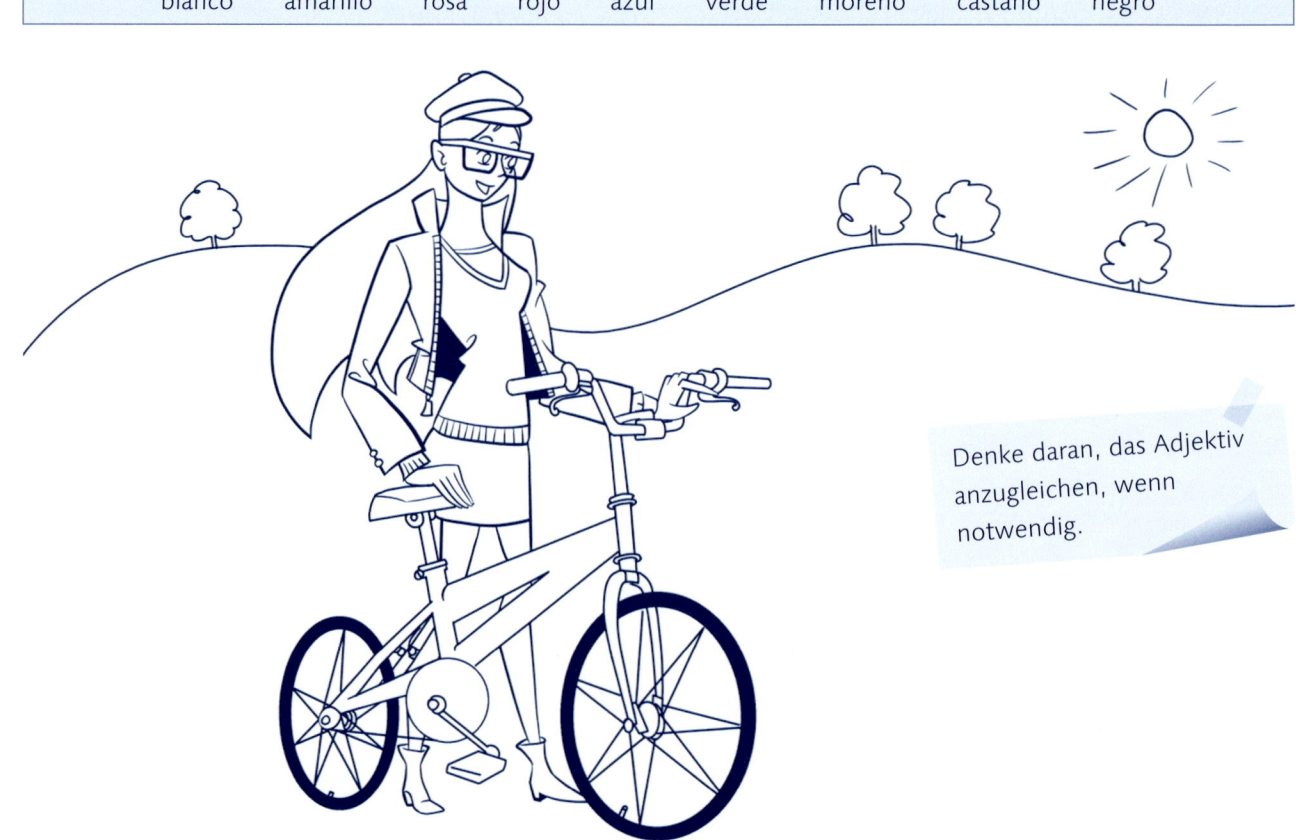

Denke daran, das Adjektiv anzugleichen, wenn notwendig.

## GRAMÁTICA | GRAMMATIK

**3** Un fin de semana sin padres. ¿Qué están haciendo los chicos? Describe el dibujo y utiliza el *gerundio*. | Was machen die Jugendlichen gerade? Beschreibe die Zeichnung und verwende das *gerundio*. Schreibe in dein Heft.

_____/8 Punkten

**4** Diego y Tomás están charlando en el patio. Completa con un pronombre de complemento directo y conjuga el verbo. | Ergänze mit einem direkten Objektpronomen und konjugiere das Verb.

_____/8 Punkten

1. Oye, Diego, tú conoces a la chica del jersey rojo, ¿no? –¿La rubia? No / *conocer*.

_____

2. No esta. Esa, la morena que está charlando con las otras chicas allí, ¿ves? –Ah, sí, ahora / *ver*. Se llama Laura.

_____

3. ¿Puedes preguntarle si quiere ir al cine conmigo? –¿Por qué no le preguntas tú? No / *entender*.

_____

4. Bueno, ¿me das su número de móvil? –Claro que / *ayudar* (yo). Aquí / *tener* (tú).

_____

5. Gracias. Eh… ¿por qué no vamos al cine todos juntos y tú llamas a las chicas? –Vale, *llamar* esta tarde.

_____

6. Oye, Tomás, tú tienes los cedés de Haze, ¿verdad? –Sí, *escuchar* todo el tiempo. Y el nuevo cedé está en mi mochila. *Poder* buscar (yo) ahora mismo…

_____

_____

**5** De compras. Completa con una forma de *este* o *ese*. |
Ergänze mit einer Form von *este* oder *ese*.

_____ / 6 Punkten
(12 x 0,5 Punkte)

**1**

¿Qué tal _____ (1)
zapatillas de ahí?

No sé. Creo que prefiero _____
(2) de aquí. Y _____ (3)
también son bonitas.

**2**

¡_____ (1) vaqueros son muy caros!

Mira _____ (2)
… ¡Están de oferta!
Y _____ (3) también.

**3**

¿Te pones _____ (1) falda?
¿O _____ (2) ahí?

Creo que prefiero
_____ (3) de ahí.

**4**

¿Te gusta _____ (1)
cazadora?

¿Cuál? ¿_____ (1)?
Sí. Pero, mira _____
(2), ¡mola todavía más!

**6** Laura y Tomás hablan por teléfono y Laura le cuenta la conversación del almuerzo a Tomás.
¿Qué dice? | Was erzählt Laura Tomás vom Tischgespräch? Denke daran, die Verbformen
wie im Beispiel an das Gespräch zwischen Laura und Tomás anzupassen. Wenn du die
Kästchen benutzt, wird die Übung leichter. Ziehe dir dann zwei Punkte ab.

_____ / 6 Punkten

**3** Tomás lleva tres
piercings en la cara.

**4** Siempre tiene problemas con los profes.

Manuel

**1** ¿Cómo es este chico?

**5** ¿Sales con Tomás?

**2** ¿Por qué ya no hablas
con nosotros?

Sergio

**6** ¡No eres la princesa
de la casa!

la madre

Laura

**7** ¡Ya no los aguanto!

| *decir* | *contar* | *pensar* |
| que… | que… | |

| *preguntar* | *querer saber* |
| si… | cómo… |
| cómo… | por qué… |

**Ejemplo:** 1. Mi madre pregunta cómo eres.

**7** Laura tiene visita de Tomás y su hermano Manuel le hace muchas preguntas. Completa sus preguntas con *qué*, *que* o *cuál/es*. | Laura bekommt Besuch von Tomás und ihr Bruder Manuel stellt ihm viele Fragen. Ergänze die Fragen mit *qué*, *que* oder *cuál/es*.

_____/7 Punkten

1. ¿_____ es esto?

2. ¿La chica _____ tiene el pelo rubio y largo no es tu novia?

3. ¿_____ música escuchas?

4. ¿_____ son tus grupos favoritos?

5. ¿_____ piensas de las chicas _____ te están escribiendo mensajes en el chat?

6. Laura y Tomás piensan: ¡_____ rollo!

## EXPRESIÓN ESCRITA | TEXTPRODUKTION

**8** Elige un mensaje de un chico de **1** y escribe un comentario para la revista. Dale consejos sobre cómo puede mejorar la situación. | Suche eine Zuschrift von **1** aus und schreibe einen Kommentar für die Jugendzeitschrift. Gib Ratschläge, wie die Person ihre Situation verbessern kann. Wenn du den Kasten benutzt, ist die Aufgabe einfacher und du musst dir zwei Punkte abziehen.

_____/20 Punkten

_____

_____

_____

_____

_____

_____

_____

_____

_____

_____

_____

_____

_____

| pienso que… | creo que… | tienes que… | habla con… | piensa en… | si… | pregunta a… |
| para… | es fácil/difícil + *infinitivo* | también puedes… | empieza a… | ¿Por qué no…? |

## KLASSENARBEIT B

**COMPRENSIÓN ORAL | HÖRVERSTEHEN**

🎧10 **1** **a** Ir de compras. Escucha la primera parte del diálogo y elige la lista de compra de Javi. | _____/2 Punkten
Höre dir den ersten Teil des Dialogs an und wähle die richtige Einkaufsliste von Javi aus.

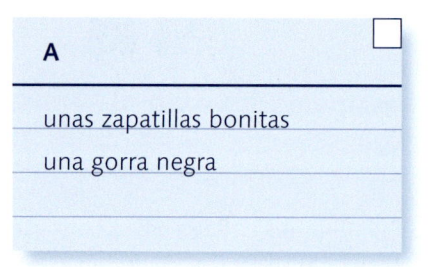

**A**
unas zapatillas bonitas
una gorra negra

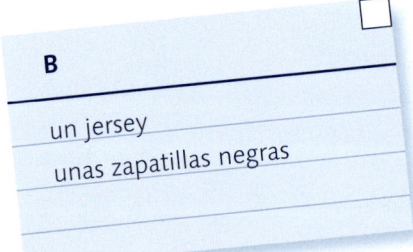

**B**
un jersey
unas zapatillas negras

**C**
un jersey
unos vaqueros

🎧10+11 **b** Escucha el diálogo entero y marca la respuesta correcta o completa la frase. | _____/10 Punkten
Höre nun den ganzen Dialog und kreuze die richtige Antwort an oder ergänze den Satz.

1. Javi tiene problemas con
   [a] su padre.
   [b] su madre.

2. … porque no le gusta la ropa que lleva su hijo.
   [a] verdadero
   [b] falso

3. Javi llama a Maribel y le pregunta si lo ayuda.
   [a] verdadero
   [b] falso

4. Maribel quiere ponerse

   [a]    [b]

5. Primero Javi se pone

   [a]    [b]

6. A Maribel le gustan mucho los vaqueros que Javi quiere comprar.
   [a] verdadero
   [b] falso

7. Javi tiene el pelo
   [a] rubio.      [c] largo.
   [b] moreno.   [d] corto.

8. Para Javi, el jersey verde de 35€ es
   [a] demasiado caro.
   [b] feo.

9. Javi no quiere ponerse el jersey rosa porque
   [a] no le gusta el color.
   [b] Juan tiene uno igualito.

10. Al final Javi quiere ir al cine con las chicas.
    [a] verdadero
    [b] falso

🎧12 **2** Hoy es fiesta en el instituto. Escucha: ¿de quién hablan las chicas? Escribe el nombre de las personas en el dibujo. | Heute ist Party in der Schule. Höre zu: Über wen sprechen die Jugendlichen? Schreibe die Namen der Personen in die Zeichnung. Achtung: Zwei Zeichnungen sind zu viel.

_____/8 Punkten
(4 x 2 Punkte)

1

_____

2

_____

3

_____

4

_____

5

_____

6

_____

## VOCABULARIO | WORTSCHATZ

**3** Mira los modelos y escribe la palabra española de cada prenda con el artículo. | Finde die spanischen Bezeichnungen für die Kleidungsstücke. Schreibe sie mit dem bestimmten Artikel auf.

_____/6 Punkten
(12 x 0,5 Punkte)

## GRAMÁTICA | GRAMMATIK

**4** En la tienda de ropa. Completa el diálogo con *qué*, *que*, *cuál* o *cuáles*. | Ergänze den Dialog mit *qué*, *que*, *cuál* oder *cuáles*.

_____/6 Punkten

María: Mira, esas faldas son bonitas, ¿no?

Teresa: ¿_____? ¿Estas de aquí?

**María:** No, esas de ahí.

**Teresa:** Es verdad, pero la falda _____ llevas es igualita.

**María:** Jeje, por eso. Quiero una verde también.

**Teresa:** Entiendo… ¿_____ talla necesitas?

**María:** La 36 o la 38.

**Teresa:** Aquí tienes las dos… ¿_____ te queda bien?

**María:** La 36. Y las cazadoras, ¿dónde están?

**Teresa:** Ahí… ¿_____ color quieres?

**María:** No sé. Me gusta la cazadora negra, pero también la azul. ¿_____ prefieres tú?

**Teresa:** La negra.

**5** Elige la actividad a o b. | Wähle Aufgabe a oder b aus.

**a** ¿A qué se refieren los pronombres? A veces hay más de una solución. |
Auf wen oder was beziehen sich die Pronomen? Manchmal gibt es mehrere Lösungen.

_____/4 Punkten
(8 x 0,5 Punkte)

1. **Los** llamo más tarde.
   - a | a mis amigas
   - b | a mis padres
   - c | a nosotros

2. No **les** digo nada.
   - a | a mis padres
   - b | a mis amigas
   - c | la verdad

3. **Las** llevas.
   - a | a tu amigo
   - b | las gafas
   - c | los zapatos

4. **Me** manda un SMS.
   - a | a él
   - b | a ti
   - c | a mí

5. **Le** gusta mucho el cine.
   - a | a él
   - b | a ella
   - c | a ellos

6. No **la** entiendo.
   - a | a mi madre
   - b | la tarjeta
   - c | a la profesora

7. ¿**Nos** estás escuchando?
   - a | a nosotros
   - b | a nosotras
   - c | a vosotros

8. **Lo** estoy buscando.
   - a | la cazadora
   - b | el reloj
   - c | a mi amigo

**b** Beto y Diego quieren ir a una fiesta, pero Diego todavía no está listo. Completa
el diálogo con un pronombre de complemento directo o indirecto. | Beto und
Diego wollen zu einer Party gehen, aber Diego ist noch nicht fertig. Ergänze den
Dialog mit einem direkten oder indirekten Objektpronomen.

_____/8 Punkten

**Diego:** ¿Dónde están mis pantalones? No _____ veo.

**Beto:** Están encima de la silla. Ahí también está tu camiseta negra.

**Diego:** Gracias, ya _____ busco desde hace diez minutos.

**Beto:** Oye, Diego, _____ quiero hacer una pregunta.

**Diego:** Dime.

**Beto:** Maribel y tú sois muy buenos amigos, ¿no? ¿_____ contáis muchas cosas?

**Diego:** Sí, pero… ¿por qué lo quieres saber? ¿Maribel _____ gusta?

**Beto:** Eh… sí, mucho.

**Diego:** ¿Por qué no _____ hablas en la fiesta?

**Beto:** Sí, pero… ¿qué _____ puedo decir?

**Diego:** Tranquilo, _____ ayudo…

**6** Consejos. Completa el texto con la forma correcta del verbo. |
Ergänze den Text mit der richtigen Verbform.

____/5 Punkten<br>(10 x 0,5 Punkte)

«Tengo un problema con una chica. La _____ (conocer) del cole. Normalmente _____

(llevarse / nosotros) muy bien, pero ahora ella _____ (querer) pasar muuuuucho tiempo conmigo y

ya no me _____ (dejar) en paz. Cuando estoy con mis amigos en el recreo, ella también está y

_____ (meterse) en todo. Entonces mis amigos _____ (enfadarse) y al final todos

_____ (discutir / nosotros). Ya no la _____ (aguantar) más. ¿Qué le

_____ (decir)? Es simpática, pero mis amigos también _____ (ser) importantes para

mí. En el recreo quiero estar con ellos. ¿Pido demasiado?» Miguel (15)

## MEDIACIÓN | SPRACHMITTLUNG

**7** Estás de vacaciones con tu familia y tu mejor amigo en Málaga. En la playa conocéis
a unos chicos españoles, pero tu mejor amigo no habla español. Tú traduces para los
nuevos amigos. Usa el discurso indirecto. | Du bist mit deinem besten Freund und
deiner Familie im Urlaub in Málaga. Am Strand lernt ihr spanische Jugendliche kennen,
aber dein Freund spricht kein Spanisch. Gib für die neuen Freunde auf Spanisch wieder,
was er sagt. Verwende die indirekte Rede bzw. Frage. Schreibe in dein Heft.

____/7 Punkten

1 Ihr könnt wirklich super skaten (patinar)!

2 Zeigt ihr uns den Trick (el truco), den ihr gerade gemacht habt?

3 Habt ihr Lust, ein Eis zu essen?

4 Treffen wir uns morgen wieder?

5 Ich habe Lust auf Beachvolleyball (volley playa), das könnten wir doch morgen spielen!

6 Sagt ihr uns, wo man einen Ball kaufen kann?

7 Wir können morgen ganz einfach hier auf sie warten.

## EXPRESIÓN ESCRITA | TEXTPRODUKTION

**8**  Para la fiesta de cumpleaños de Laura todos se disfrazan. Tomás también quiere ir, pero no sabe qué ponerse. Su hermana mayor, Marisol, lo ayuda. Escribe el diálogo. | Für Lauras Geburtstagsparty verkleiden sich alle. Tomás will auch dorthingehen, aber er weiß nicht, wie er sich verkleiden soll. Seine ältere Schwester Marisol hilft ihm. Schreibe den Dialog.

_____ / 20 Punkten

1. Marisol begrüßt ihren Bruder und fragt, was er gerade macht.

2. Tomás erklärt Marisol, dass er am Abend zu Lauras Geburtstagsparty gehen wird.

3. Marisol fragt nach, denn sie kennt Laura nicht. Sie fragt ihren Bruder, wie Laura aussieht.

4. Tomás erklärt, dass sie sehr nett und witzig sei. Sie habe dunkle Haut, lange Haare und sei nicht sehr groß.

5. Tomás fragt Marisol, was er anziehen soll. Für die Party würden sich alle verkleiden (*disfrazarse*). Er bittet Marisol, ihm zu helfen.

6. Marisol schlägt vor, dass er sich als Lady Gaga verkleiden (*disfrazarse de…*) kann. Sie zeigt ihm eine enge weiße Hose, die sie gerade gekauft hat. Dazu könnte er die blonde Perücke (*la peluca*) von ihrer Mutter tragen.

7. Tomás glaubt, dass das keine gute Idee ist. Er weiß nicht, ob das Laura gefällt.

8. Marisol versteht das. Dann fragt sie, warum er nicht Ozzy Osbourne sein wolle. Er könnte seine schwarze Hose und das weite langärmlige Hemd von ihrem Vater anziehen.

9. Tomás willigt ein und fügt hinzu, dass er auch ihre Sonnenbrille tragen könne.

10. Marisol sagt, dass sie außerdem jemanden kenne, der eine lange schwarze Perücke habe und dass sie glaubt, dass Tomás sie haben könne. Und mit ein bisschen weißer Schminke (*el maquillaje*) …

11. Tomás bedankt sich und sagt seiner Schwester, dass sie toll sei. So könne er gehen …

# 6 COLOMBIA

## KLASSENARBEIT A

_____/78 Punkten

**COMPRENDER EL TEXTO | LESEVERSTEHEN**

### Juanes: un embajador[1] de Colombia en el mundo

Colombia es Bogotá, el río Magdalena, las frutas y el café, las montañas y el mar… Y claro, Colombia sobre todo es la gente. ¡Seguro que ya conoces a un colombiano o a una colombiana!

Una estrella colombiana muy famosa es el cantante Juanes. En verdad se llama Juan Esteban Aristizábal Vásquez, pero desde pequeño su familia lo llamó Juanes.

El cantante nació el 9 de agosto de 1972 en Medellín, la segunda ciudad colombiana. Empezó a tocar la guitarra a los siete años y entonces su padre y sus hermanos le enseñaron la música colombiana tradicional. A los 15 años empezó a gustarle el heavy metal y junto a un amigo empezó a tocar con el grupo «Ekhymosis». Hicieron cinco cedés y fueron muy famosos en Colombia. Pero sólo con su carrera de solista[2] y sus conciertos internacionales llegó a hacerse famoso en todo el mundo. Una canción muy famosa es «La camisa negra», que también tuvo mucho éxito en Alemania.

Pero Juanes no sólo canta, también participa en muchos programas para ayudar a niños de Colombia.

En su país hay grandes problemas sociales[3] y gente muy pobre: muchos niños no pueden ir al colegio porque no tienen dinero para pagar los libros y los uniformes, o porque tienen que trabajar. Además en los años pasados hubo mucha violencia en el país. Muchos niños tuvieron que vivir con esta violencia y ahora necesitan ayuda. Por eso en 2006 Juanes empezó con el proyecto «Mi sangre»[4], que organiza actividades; así, los niños pueden olvidar la violencia y volver a tener[5] una vida normal. Juanes cree que los niños son el futuro[6] de un país. Por eso quieren ayudarles y enseñarles que el respeto es muy importante para vivir en paz[7].

Otro proyecto importante de Juanes son los conciertos «Paz Sin Fronteras»[8]. En 2008, cuando casi hubo una guerra[9] entre Colombia y Venezuela, organizó el primero de estos conciertos gratuitos para luchar por la paz. En este concierto participaron cantantes de los dos países y vinieron más de 200 000 de personas. Además, millones de personas lo vieron en la tele. Así, Juanes gusta a la gente no sólo por sus canciones, sino también por sus proyectos sociales.

| | | |
|---|---|---|
| 1 el/la embajador/a *der/die Botschafter/in* | 4 la sangre *das Blut* | 7 la paz *der Frieden* |
| 2 la carrera de solista *die Solo-Karriere* | 5 volver a tener *wieder haben* | 8 Paz Sin Fronteras *Frieden ohne Grenzen* |
| 3 social *sozial* | 6 el futuro *die Zukunft* | 9 la guerra *der Krieg* |

**1** **a** Ordena y enumera la biografía de Juanes. | Ordne und nummeriere die Biographie von Juanes in der richtigen Reihenfolge.

_____/6 Punkten

Para ayudar a su país, participa en diferentes proyectos ayudando a la gente.

Empezó a tocar la guitarra a los siete años.

Su primer grupo fue un grupo de heavy metal.

Luego dio conciertos en todo el mundo.

Más tarde empezó una carrera de solista.

Juanes nació en Colombia.

**b** Lee el artículo otra vez y marca las frases con verdadero, falso o «no está en el texto». | Lies den Artikel noch einmal und kreuze das richtige Kästchen an.

_____/10 Punkten

|  | V | F | No está |
|---|---|---|---|
| 1. Juanes es un colombiano muy famoso en todo el mundo. | ☐ | ☐ | ☐ |
| 2. El nombre «Juanes» viene de Juan y las dos primeras letras de su segundo nombre Esteban. | ☐ | ☐ | ☐ |
| 3. Su grupo de heavy metal sólo fue famoso en Colombia. | ☐ | ☐ | ☐ |
| 4. Los alemanes no conocen su canción «La camisa negra». | ☐ | ☐ | ☐ |
| 5. «Mi sangre» es el nombre de un cedé de Juanes y de su proyecto para ayudar a los niños. | ☐ | ☐ | ☐ |
| 6. En Colombia todos son pobres. | ☐ | ☐ | ☐ |
| 7. Para Juanes los niños son muy importantes para el futuro de un país. | ☐ | ☐ | ☐ |
| 8. Ahora hay mucha violencia en Colombia. | ☐ | ☐ | ☐ |
| 9. Juanes y sus amigos quieren luchar por la paz con conciertos gratuitos. | ☐ | ☐ | ☐ |
| 10. Juanes vive con su familia en Florida. | ☐ | ☐ | ☐ |

## VOCABULARIO | WORTSCHATZ

**2** Tu amiga está preparando una charla sobre Colombia. | Deine Freundin bereitet einen Vortrag über Kolumbien vor.

**a** En su charla faltan algunas palabras. Completa el acróstico con las palabras que faltan y encuentra la frase clave. | Ergänze das Rätsel und finde den Lösungssatz.

_____/7 Punkten
(12 x 0,5 Punkte + 1 Punkt)

Colombia está (11) en el norte de (12) del Sur y su (5) es Bogotá. El país es dos (1) más grande que España y tiene 44 (9) de (10).
(7) con cinco países: Panamá, Venezuela, Brasil, Perú y Ecuador. Al (8) de Colombia está el Océano Pacífico y al (2) está el río Orinoco, que comparte con Venezuela. La (3) oficial de Colombia es el español. Colombia es un (6) importante de café y flores. Hay muchas (4) de café y de flores.

Frase clave: _____

**b** Tu amiga tiene problemas con los números. Ayúdale y escribe los números en letras. | _____/5 Punkten
Deine Freundin hat Schwierigkeiten mit den Zahlen. Hilf ihr und schreibe die Zahlen aus.

1. Barranquilla, una ciudad situada en el norte de Colombia, fue fundada en 1626.

_____

2. Allí viven 1 390 000 habitantes. _____

_____

3. Su altitud va de 0 a 142 metros (sobre el nivel del mar); es una ciudad con puertos y montañas.

_____

4. La ciudad es muy famosa por el carnaval. Cada año participan en esta fiesta más de 1 500 000 personas.

_____

5. En 2003, la UNESCO le dio el título de «Obra Maestra del Patrimonio Oral e Intangible de la Humanidad»[1].

_____

1 Obra Maestra del Patrimonio Oral e Intangible de la Humanidad *immaterielles Weltkulturerbe*

## GRAMÁTICA | GRAMMATIK

**3** Ayer Roberto tuvo un mal día. Cuenta qué le pasó y usa *cuando*. | Gestern hatte _____/8 Punkten
Roberto einen schlechten Tag. Erzähle, was ihm passiert ist, und verwende dafür
*cuando*. Denke daran, die Verben im *Indefinido* zu konjugieren.

Roberto / *buscar* sus zapatillas
de fútbol / no las *encontrar*

*sacar* el balón / *meter* gol en su
propia portería

**3**

*entrar* con Cristina al café /
su hermana *ver* a ellos

**4**

EXAMEN MATEMÁTICAS

*acostarse / pensar* en el examen
de Mates

**4** ¿Cómo preparar arepas de queso? Combina las frases de forma adecuada usando *antes de / después de* + infinitivo como en el ejemplo. | Verbinde die Sätze, indem du *antes de / después de* + Infinitiv wie im Beispiel verwendest.

_____/5 Punkten

Ejemplo:

1. Controla si tienes todo. Empieza a preparar las arepas.

<u>**Antes de empezar a preparar las arepas, controla si**</u>

<u>**tienes todo.**</u>

2. Pon la harina, la sal y el agua en una taza. Amasa la mezcla.

3. Espera cinco minutos. Pon el queso.

4. Amasa todo un poco más. Haz nueve bolas.

5. Pon las arepas en un sartén con aceite. Fríelas entre cinco y diez minutos.

**5** Marco quiere hablar de las vacaciones con sus amigos, pero no se acuerda de todo y Manolo le tiene que corregir. Completa con las formas correctas del indefinido. | Marco erzählt von den Ferien mit seinen Freunden, aber er erinnert sich nicht richtig und Manolo muss ihn korrigieren. Ergänze die entsprechenden Formen im *Indefinido*.

_____ / 5 Punkten
(10 x 0,5 Punkte)

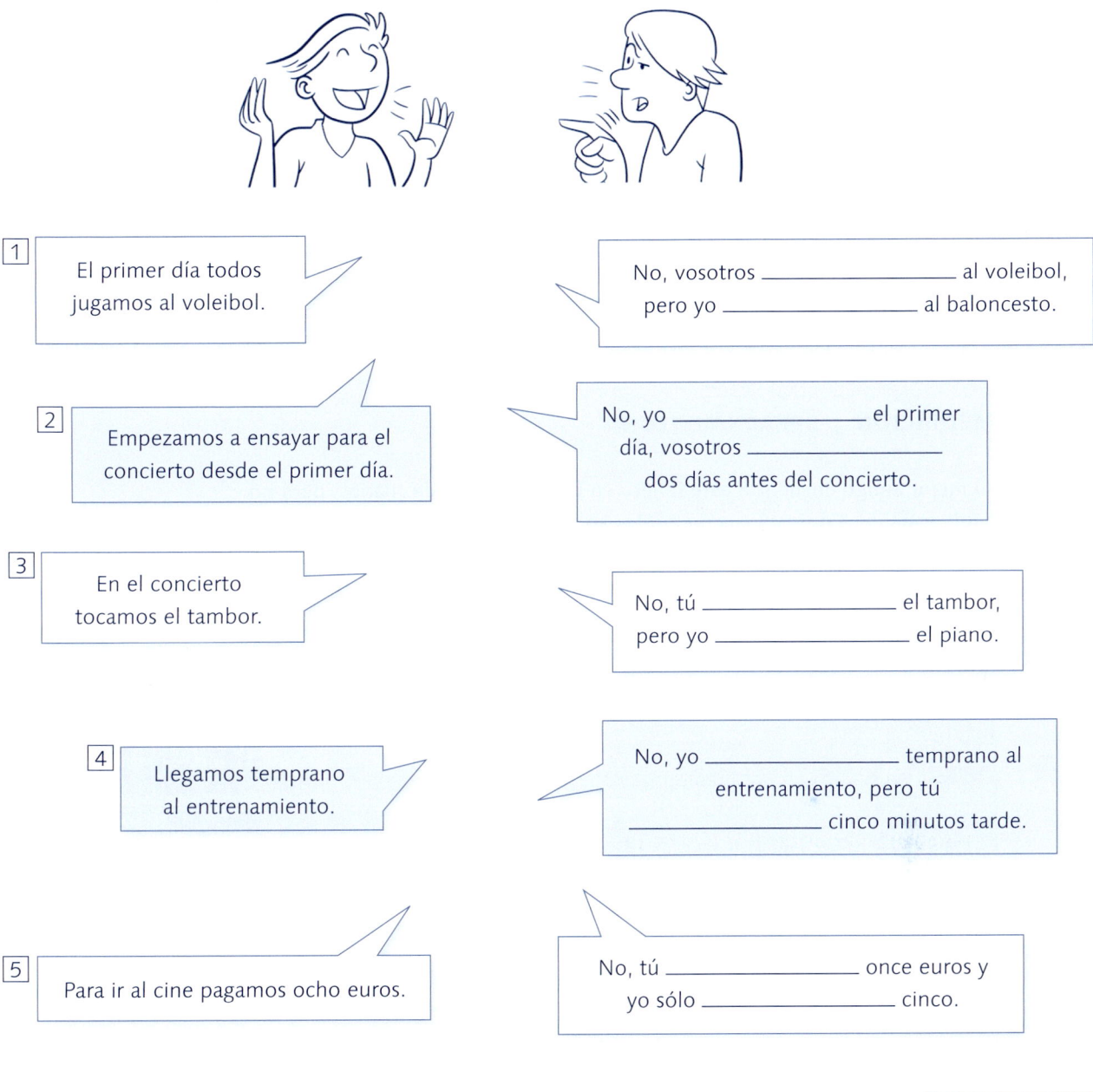

1 | El primer día todos jugamos al voleibol.

No, vosotros _____ al voleibol, pero yo _____ al baloncesto.

2 | Empezamos a ensayar para el concierto desde el primer día.

No, yo _____ el primer día, vosotros _____ dos días antes del concierto.

3 | En el concierto tocamos el tambor.

No, tú _____ el tambor, pero yo _____ el piano.

4 | Llegamos temprano al entrenamiento.

No, yo _____ temprano al entrenamiento, pero tú _____ cinco minutos tarde.

5 | Para ir al cine pagamos ocho euros.

No, tú _____ once euros y yo sólo _____ cinco.

**6** Biografía de Cecilia Baena. Completa con el verbo en indefinido. | Cecilia Baena erzählt aus ihrem Leben. Ergänze das Verb im *Indefinido*.

_____ / 7 Punkten
(14 x 0,5 Punkte)

«_____ (nacer) en Cartagena, Colombia, el 10 de octubre de 1986.

A los tres años _____ (empezar) a patinar[1] en el colegio. En 1996

_____ (tener) lugar el campeonato mundial[2] de patinaje en Barran-

cabermeja y le _____ (pedir) a mi padre entradas. Primero él no

_____ (querer) dejarme ir, pero al final mi hermano y yo sí _____ (ir) a verlo.

Entonces _____ (decidirse) definitivamente[3] por el patinaje. A los trece años ya

_____ (ganar) la Copa Estados Unidos. Luego _____ (participar) en muchos

campeonatos nacionales e internacionales. Los colombianos me quieren mucho y me _____

(dar) el nombre de «la Chechi». En 2004 _____ (hacer) el récord mundial en los 500 metros de

ruta. En total _____ (ser) cuatro veces campeona del mundo[4]. Gracias al deporte también

_____ (conocer) a mi marido[5], el patinador francés Yann Guayader. Nuestra boda

_____ (ser) el 15 de julio de 2011.»

1 patinar *(inline-)skaten*
2 el campeonato mundial *die Weltmeisterschaft*
3 definitivamente *endgültig*

4 el/la campeón/-ona del mundo *der/die Weltmeister/in*
5 el marido *der Ehemann*

---

### MEDIACIÓN | SPRACHMITTLUNG

**7**   Tu mejor amigo encuentra este folleto en la página web de Juanes, pero no habla español. Contesta sus preguntas sobre el folleto. | Dein bester Freund findet auf der Webseite von Juanes diesen Flyer, aber er spricht kein Spanisch. Beantworte seine Fragen über den Flyer.

_____/5 Punkten

# «Paz Sin Fronteras»

**Disfruta el segundo concierto «Paz Sin Fronteras» en vivo: Plaza de la Revolución «San Martí», La Habana, Cuba, 20 de septiembre de 2009, de 2:00 pm a 6:00 pm**

**Quince artistas de seis países van a tocar en el segundo concierto «Paz Sin Fronteras» para luchar por la paz.
Los conciertos «Paz Sin Fronteras» no tienen mensaje político y no soportan ningún partido político.**

**¿Tú también quieres la paz? ¡Únete a la causa! ¡Ponte ropa de color blanco como símbolo de paz!**

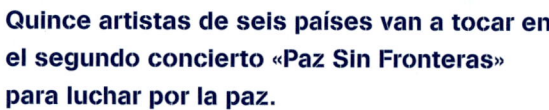

| | |
|---|---|
| Amaury Pérez | Olga Tañon |
| Danny Rivera | Orishas |
| Cucú Diamante y Yerbabuena | Silvio Rodríguez |
| Juan Fernando Velazc | Los Van Van |
| Jovanotti | Carlos Varela |
| Juanes | Victor Manuel |
| Luis Eduardo Aute | X Alfonso |
| Miguel Bosé | |

1. Wann hat dieses Konzert stattgefunden?

_____

2. Wo hat es stattgefunden?

_____

3. Ist es das erste Konzert dieser Art?

_____

4. Was soll man als Zuschauer tun?

_____

5. Hat das Konzert eine politische Botschaft?

_____

## EXPRESIÓN ESCRITA | TEXTPRODUKTION

**8** El sábado pasado los padres de Jorge y Carmen se fueron de viaje a La Alberca y los dos gemelos hicieron muchas cosas. Cuenta su día y usa conectores. Las imágenes siguientes te pueden ayudar. | Vergangenen Samstag sind die Eltern von Jorge und Carmen nach La Alberca gefahren und die Zwillinge haben viel unternommen. Erzähle ihren Tag und verwende dabei Bindewörter aus dem Kasten. Die Bilder geben dir ein paar Ideen. Schreibe in dein Heft.

_____ / 20 Punkten

| primero | luego | antes/después de | de repente | enseguida | cuando | al final |

a las nueve/diez/...    por la mañana/tarde/noche    más tarde

_____

_____

# KLASSENARBEIT B

_____/82 Punkten

**COMPRENSIÓN ORAL | HÖRVERSTEHEN**

🎧13 **1** **a** En el patio Sandra y sus amigas charlan sobre el fin de semana pasado. Primero mira los dibujos: ¿cómo se dice en español? Después escucha el texto y marca las actividades que escuchas con una cruz. | Sandra und ihre Freundinnen unterhalten sich über das vergangene Wochenende. Sieh dir zuerst die Zeichnungen an: Wie lauten die Aktivitäten auf Spanisch? Höre dann den Text und kreuze die Aktivitäten an, die du hörst.

_____/5 Punkten
(10 x 0,5 Punkte)

_____  _____  _____  _____  _____

_____  _____  _____  _____  _____

🎧13 **b** Lee las frases. Luego escucha el diálogo otra vez y marca la respuesta correcta o completa la frase. | Lies dir die Sätze aufmerksam durch. Höre den ganzen Dialog noch einmal und kreuze die richtige Antwort an.

_____/10 Punkten

1. Eva pasó un fin de semana…
   - a con sus abuelos.
   - b muy divertido.
   - c muy aburrido.

2. Maite hizo un pequeño viaje el sábado.
   - a verdadero  b falso

3. La laguna de Guatavita está a una altura de…
   - a 1 000 metros.  b 2 000 metros.  c 3 000 metros.

4. A Maite le gustó mucho el viaje.
   - a verdadero  b falso

5. Soledad fue a la fiesta de quince de…
   - a su hermana.  b su prima.  c una amiga.

6. Sandra se encontró con…
   - a Diego.
   - b su prima.
   - c el chico de la cazadora negra.

7. Los dos se fueron…
   - a al cine.
   - b a un concierto.
   - c al teatro.

8. En la noche del sábado Sandra
   - a habló mucho.
   - b estuvo un poco triste.
   - c bailó mucho.

9. Hoy por la tarde Sandra queda con…
   - a sus amigas para ir de compras.
   - b Hugo para jugar al tejo.
   - c Diego para decirle adiós.

10. Por eso está…
    - a harta.
    - b muy nerviosa.
    - c en las nubes.

**2** En el chat un chico colombiano habla sobre el tejo. Escucha el texto y ordena las frases. |
Im Chat erzählt ein kolumbianischer Junge über das Tejo-Spiel. Lies dir zuerst die Sätze
aufmerksam durch. Höre anschließend zu und bringe die Sätze in die richtige Reihenfolge.
Schreibe die jeweilige Nummer daneben. Achtung: Drei Sätze sind zu viel.

_____/10 Punkten

☐ Hay campeonatos individuales y por equipos.

☐ Gana el jugador que primero tenga 27 puntos.

☐ El tejo es una pieza[1] de metal.

☐ Nació hace quinientos años.

☐ A veces la gente discute mucho para decidir quién ganó.

☐ El deporte nacional de Colombia es el tejo.

☐ El tejo es de 680 gramos.

☐ Se juega en varios[2] países de América del Sur.

☐ Hay que lanzar[3] el tejo e introducirlo[4] en un círculo metálico.

☐ La mecha[5] sobre el bocín explota[6] cuando el tejo cae encima.

las mechas

el tejo

**1** una pieza *ein Stück*
**2** varios/-as *mehrere*
**3** lanzar algo *etw. werfen*

**4** introducir algo en algo *etw. in etw. hineinbringen*
**5** la mecha *hier: Umschlag mit etwas Schwarzpulver*
**6** explotar *explodieren*

---

## VOCABULARIO | WORTSCHATZ

**3** ¿Qué es típico de Colombia? Escribe los sustantivos con el artículo. | Was ist
typisch für Kolumbien? Schreibe die Substantive mit dem bestimmten Artikel.

_____/5 Punkten
(10 x 0,5 Punkte)

1 _____
2 _____
3 _____
4 _____ Magdalena (*Fluss*)
5 _____

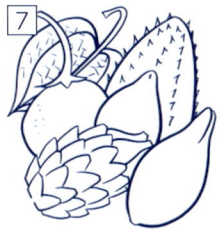

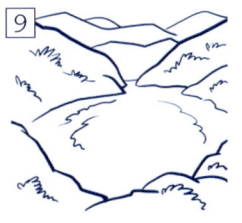

6 _____
7 _____
8 _____
9 _____ (*Seen*)
10 _____

### GRAMÁTICA | GRAMMATIK

**4**  ¡Necesitamos ayuda! Completa con la forma correcta del verbo *ayudar* y responde las preguntas. | Wir brauchen Hilfe! Ergänze die richtige Verbform von *ayudar* und beantworte die Fragen.

_____/ 6 Punkten (4 x 1,5 Punkte)

1  Sí, _____.

¿Nos _____, por favor?

2  ¿_____ a tu compañera?

Enseguida _____ _____.

3  ¿_____ (ella) a tu hermano?

A veces _____ _____.

4  ¿_____ (nosotros) a los abuelos?

Claro, _____ _____.

**5**  Completa el crucigrama con la forma del indefinido y encuentra la palabra clave. | Ergänze das Rätsel mit der richtigen *Indefinido*-Form und finde das Lösungswort.

_____/12 Punkten

Carlitos: ¿Por qué no me _____ (*escribir* / tú, 1) un mensaje el sábado?

Andrés: Es que no _____ (*estar* / yo, 2) en Bogotá.

Carlitos: ¿Y adónde _____ (*ir* / tú, 3)?

Andrés: _____ (*ir* / yo, 4) a Zipaquirá con mi familia para ver la Catedral de Sal. ¿Y qué

_____ (*hacer*, 5) vosotros?

Carlitos: Yo no _____ (*poder*, 6) salir de casa porque mi madre no _____

(*querer*, 7). _____ (*tener* / yo, 8) que ayudarla por la mañana. Por la tarde

_____ (*venir*, 9) unos amigos. _____ (*ver* / nosotros, 10) una peli, pero

_____ (*ser*, 11) un poco aburrido.

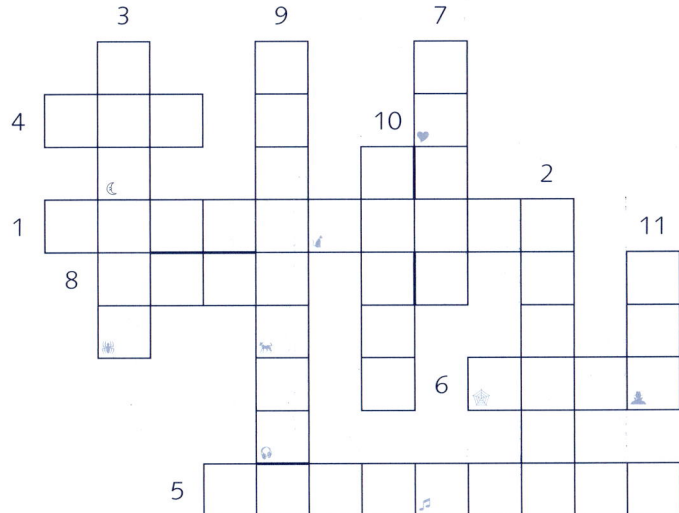

**Palabra clave:**

**6**    Elige la actividad **a** o **b**. | Wähle die Aufgabe **a** oder **b** aus.

**a**   ¿Cómo pasó Carlitos el jueves pasado? Usa *antes de / después de* + infinitivo como en el ejemplo. | Wie war Carlitos' letzter Donnerstag? Verwende *antes de / después de* + Infinitiv wie im Beispiel. Schreibe in dein Heft.

_____ / 6 Punkten
(4 x 1,5 Punkte)

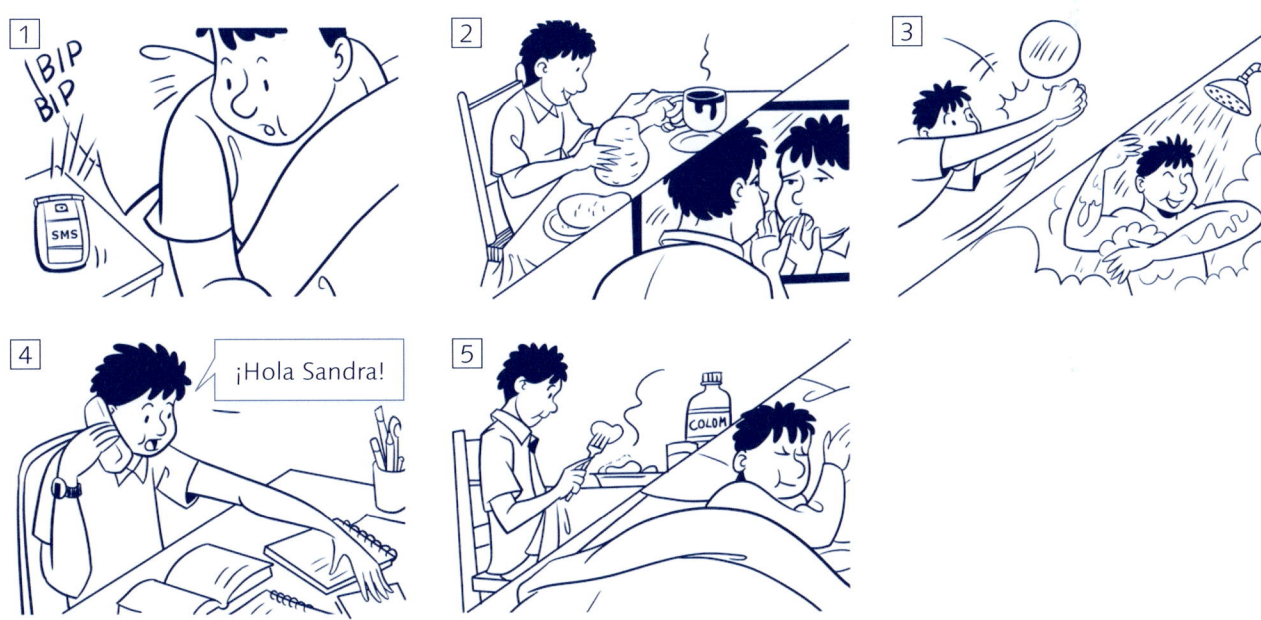

**Ejemplo:** 1. Antes de levantarse, Carlitos recibe un mensaje.

**b**   ¿Puedes decirlo con menos palabras? Usa *antes de / después de* + infinitivo, *cuando*, *que* y los pronombres de complemento directo e indirecto. | Kannst du das mit weniger Worten ausdrücken? Verwende *antes de / después de* + Infinitiv, *cuando*, *que* und die direkten und indirekten Objektpronomen. Schreibe in dein Heft. Achtung: Einmal gibt es zwei Möglichkeiten.

_____ / 9 Punkten
(6 x 1,5 Punkte)

1. Primero Carlitos escucha música. Luego hace los deberes.
2. Carlitos sale de su casa. En este momento ve a Sandra.
3. Sandra está con un chico. Lleva unos vaqueros y una camiseta roja.
4. Carlitos todavía no conoce al chico.
5. Por eso dice al chico: «Hola, soy Carlitos.»

## MEDIACIÓN | SPRACHMITTLUNG

**7** Estás en Bogotá y quieres quedar con un amigo que no habla español en un concierto del festival de verano. Contesta sus preguntas. | Du bist in Bogotá und willst dich mit einem Freund, der kein Spanisch spricht, bei einem Konzert des Sommerfestivals treffen. Beantworte seine Fragen.

_____/ 5 Punkten

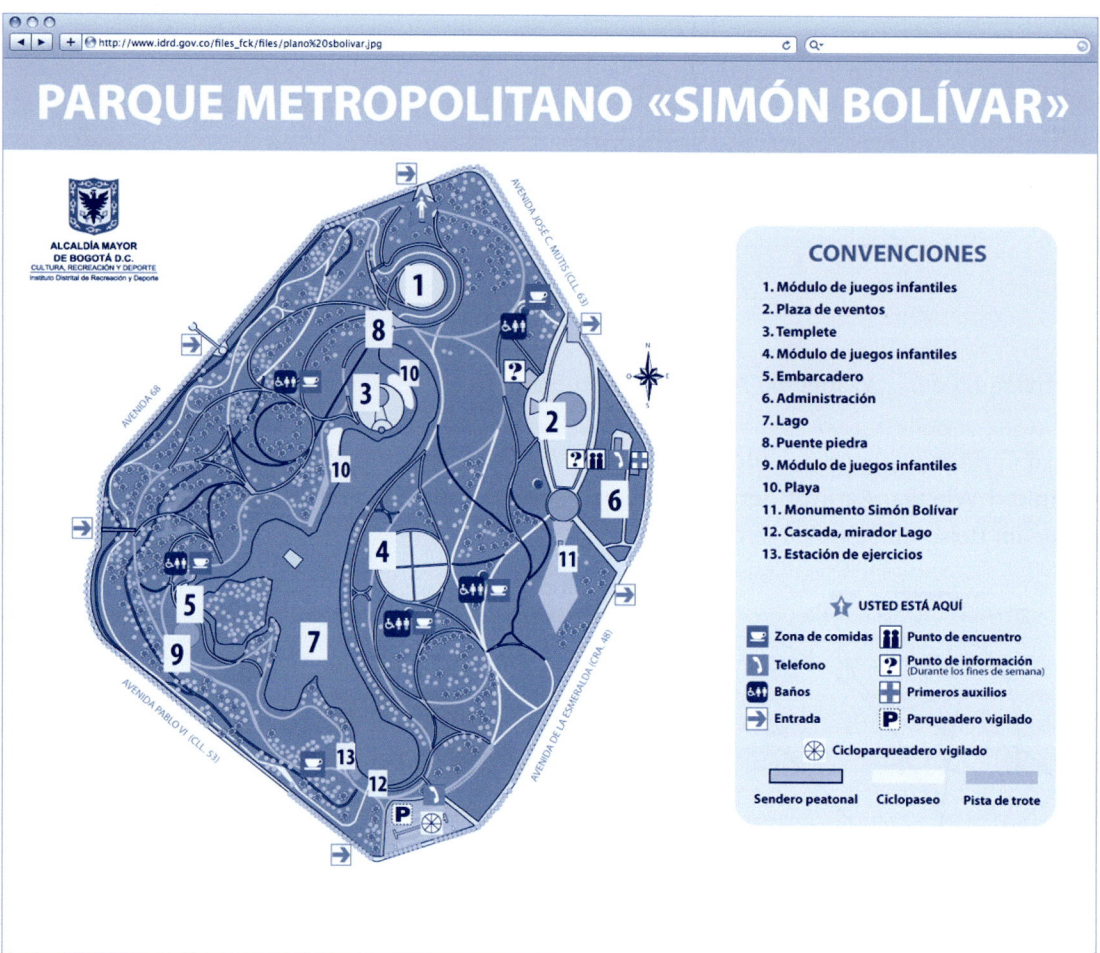

1. Wo findet denn das Event statt?

_____

2. Hat der Park mehrere Eingänge?

_____

3. Ich komme an der Ecke Avenida 68 und Avenida Pablo VI an. Wie komme ich zum Konzert?

_____

4. Ich gehe also Richtung Westen?

_____

5. Wo am See ruhen wir uns am besten nach dem Konzert aus?

_____

## EXPRESIÓN ESCRITA | TEXTPRODUKTION

**8** Pedro llama a su primo. Inventa la llamada telefónica. Usa las palabras del recuadro. | Pedro ruft seinen Cousin an. Erfinde das Telefongespräch. Benutze auch die Wörter aus dem Kasten.

_____/ 20 Punkten

| Cuéntame…   No me digas…   ¿Sabes…?   ¡Vaya sorpresa!   ¡Qué casualidad! |
|---|
| ¿verdad?   pues   bueno   Es que… |

1. Pedro fragt seinen Cousin, warum er letzte Woche nicht angerufen hat.
2. Der Cousin entschuldigt sich und sagt, dass er im Moment kein Handy hat. Er erklärt, dass er gerade nicht genügend Geld hat, um die Rechnung zu bezahlen.
3. Pedro sagt, dass er das versteht. Er fragt seinen Cousin, wie das Wochenende war.
4. Der Cousin antwortet, dass es super war. Am Samstag ist er zu einem Konzert von Freunden gegangen. Bevor er dort hinging, wollte er noch eine Cola kaufen. Aber als er aus dem Geschäft kam, habe er jemanden getroffen.
5. Pedro ist nun neugierig.
6. Der Cousin erzählt, dass es das dunkelhaarige Mädchen war, das er vor zwei Wochen im Kino getroffen hatte.
7. Pedro hält das für einen großen Zufall.
8. Der Cousin fragt, ob Pedro sich an das Mädchen erinnere.
9. Pedro sagt ja und fragt, was dann geschehen ist.
10. Der Cousin erzählt, dass sie sich eine Weile unterhalten hätten und dann gemeinsam zum Konzert gegangen seien. Der Abend sei klasse gewesen und sie hätten viel getanzt. Er meint, dass das Mädchen wirklich sehr nett sei.
11. Pedro fragt, was jetzt daraus wird.
12. Der Cousin zögert ein bisschen und sagt, dass Pedro sie heute kennenlernen könne. Sie spielen Tejo (_jugar al tejo_) und das Mädchen würde auch kommen. Dann lädt er Pedro ein zu kommen.
13. Pedro ist einverstanden und sagt, dass er mitkommt.

_____

_____

_____

_____

_____

_____

_____

_____

_____

_____

# 7 DE VIAJE POR ESPAÑA

## KLASSENARBEIT A

### COMPRENDER EL TEXTO | LESEVERSTEHEN

Postales

**1**

¡Aúpa!
Por fin estoy en Bakio. Hace mucho viento y puedo hacer surf todo el día. El último día vamos a hacer un campeonato y, ¡claro!, yo quiero ganar. Pero los otros chicos también son muy buenos, todavía tengo que practicar mucho. En el campamento hay dos chicos muy majos: David y Julia. Todo el tiempo contamos chistes. Ayer hicimos una larga caminata al interior de Bakio. El paisaje[1] es muy bonito, pero hoy me duelen los pies :-( La gente del pueblo es muy simpática. Hace dos días nos aprendieron a jugar a la pelota vasca... Y hay unos chicos surfistas, pero ¡increíbles[2]! ¿Por qué no vivimos aquí? Es un viaje que nunca voy a olvidar.
¡Besos y recuerdos a todos!
Ana

**2**

¡Querida abuelita!
Sevilla es una ciudad genial. Ayer visitamos la Giralda y los Reales Alcázares. Y, ¡claro!, nos perdimos en el barrio de Santa Cruz con sus calles y plazas pequeñas. Hoy vamos a ir de tiendas[3]. Y no te lo vas a creer: por la tarde vamos a hacer piragüismo en el Guadalquivir. ¡Tu nieta se pone deportista!
Saludos,
Daniela

**3**

Hola, Roberto:
¿Qué tal en La Alberca? Aquí en Bogotá estoy bien y todo sigue igual: paso mucho tiempo con mi familia, pero también me dejan a mi aire y quedo con mis amigos. Ayer fuimos a un concierto en el Parque Bolívar y allí me encontré también con Sandra. Mañana vamos a hacer una gran fiesta porque es el cumpleaños de mi abuela.
Un beso y dale recuerdos a Laura y Vega.
Diego

**4**

¡¡Hola, chicos!!
Barcelona es una ciudad genial. Hay de todo: tiendas, playas bonitas, parques tranquilos y los catalanes son muy simpáticos. Sólo conozco tres o cuatro frases en catalán, pero se ponen muy contentos cuando les dices algo en su lengua. Además, claro, todos hablan también español. Y el pan con tomate es muy rico[4]. Ayer visitamos el Barrio Gótico y la Plaza Real. También fuimos al MacBa, que es un museo muy moderno. En la plaza que hay delante del museo siempre hay mucha marcha: hay muchos chicos patinando y también muchos músicos... Por la noche salimos con los amigos de mi primo y fuimos a la famosa discoteca La Paloma. Mañana vamos a hacer una visita guiada al Camp Nou, el estadio de fútbol del FC Barcelona: ¡¡el mejor club del mundo!!
Por la tarde vamos a hacer un picnic en el Parque Güell.
Un abrazo, Álvaro

---

**1** el paisaje _die Landschaft_     **2** increíble _unglaublich_     **3** ir de tiendas _shoppen gehen_     **4** rico/-a _hier: lecker_

**1** **a** ¿Desde dónde escriben los chicos? Relaciona los mensajes con las fotos. |
Von wo schreiben die Jugendlichen? Ordne die Rückseite der Postkarten
den Bildern zu.

_____ /4 Punkten

**b** Lee las postales y marca las frases con verdadero, falso o «no está en el texto». |
Lies die Postkarten und kreuze das richtige Kästchen an.

_____ /12 Punkten

| | V | F | No está |
|---|---|---|---|
| 1. En Bakio hace mucho calor. | ☐ | ☐ | ☐ |
| 2. Ana jugó a la pelota vasca. | ☐ | ☐ | ☐ |
| 3. A Ana le gusta mucho hacer caminatas. | ☐ | ☐ | ☐ |
| 4. Daniela escribe una postal a su abuela. | ☐ | ☐ | ☐ |
| 5. En el barrio de Santa Cruz hay mucha marcha. | ☐ | ☐ | ☐ |
| 6. Ayer Daniela compró muchos recuerdos. | ☐ | ☐ | ☐ |
| 7. En Bogotá todo está como siempre. | ☐ | ☐ | ☐ |
| 8. Diego casi no puede ver a sus amigos. | ☐ | ☐ | ☐ |
| 9. La abuela de Diego cumple cincuenta y tres años. | ☐ | ☐ | ☐ |
| 10. En Barcelona está la Giralda. | ☐ | ☐ | ☐ |
| 11. Mañana Álvaro va a visitar un estadio de fútbol. | ☐ | ☐ | ☐ |
| 12. El Parque Güell es muy famoso. | ☐ | ☐ | ☐ |

VOCABULARIO | WORTSCHATZ

**2** ¿Qué tiempo hace? Completa las frases. | Wie ist das Wetter? Ergänze die Sätze.

_____/ 6 Punkten

1. En Málaga _____

2. En Barcelona _____

3. En Bilbao _____

4. En La Coruña _____

5. En Pamplona _____

6. En Madrid _____

**3** Primeros novios. Completa con los números ordinales. | Ergänze mit den Ordinalzahlen.

_____/ 7 Punkten

María es la _____ (1.) novia de Francisco. Él es nuevo en Salamanca y los dos viven en la misma

casa: ella vive en el _____ (4.) piso y él en el _____ (6.) piso. Cuando se

conocieron la semana pasada, los dos se fueron a la _____ (1.) cafetería que encontraron en la

Plaza para tomar algo. Al _____ (3.) café Francisco le dijo a María: «¡Tienes unos ojos tan

bonitos!» María le sonrió[1] y le contestó: «Es la _____ (2.) vez que me lo dices». Después, le

tomó la mano y le dio el _____ (1.) beso…

**1** sonreír a alg. _jdm zulächeln_

## GRAMÁTICA | GRAMMATIK

**4** Francisco y María están hablando de las vacaciones. ¿Qué van a hacer? Usa el futuro inmediato. | Was werden Francisco und María in den Ferien machen? Verwende die unmittelbare Zukunft.

_____/ 6 Punkten

Francisco: ¿En las vacaciones? Mis padres _____ (tener que trabajar).

Y mi hermano pequeño _____ (estar con los abuelos en el pueblo).

María: ¿Vosotros no _____ (irse de viaje)?

Francisco: No, no… Y nosotros, ¿qué _____ (hacer)?

María: Yo _____ (pasar dos semanas en Badajoz).

Y tú, ¿_____ (echar de menos)?

**5** Juan y Marisol son hermanos, pero son muy diferentes. Describe a Marisol y usa *no... nadie/nunca/nada*. | Juan und Marisol sind Geschwister, aber sehr verschieden. Beschreibe Marisol und verwende *no... nadie/nunca/nada*.

Ejemplo:

1. Juan siempre hace sus deberes.

**Marisol no hace nunca sus deberes.**

2. Siempre llega a tiempo.

_____

3. El instituto le gusta mucho.

_____

4. Cuando tiene un problema, habla con alguien.

_____

5. Sus padres saben mucho de él.

_____

6. Todos pueden entrar en su habitación.

_____

7. Juan se aburre a menudo.

_____

**6** Elige la actividad a o b. | Wähle Aufgabe a oder b.

**a** Relaciona los imperativos. | Verbinde die zusammengehörigen Imperative.

| | |
|---|---|
| 1. Contesta mi SMS. | a Dale el cedé. |
| 2. Contesta su correo. | b Contéstale. |
| 3. Da a tu hermano el cedé. | c Dáselo a tu hermano. |
| 4. Da a tu hermano el cedé. | d Hazla. |
| 5. Haz tus deberes. | e Contéstame. |
| 6. Haz la compra. | f Hazlos. |

**b** ¿Qué dices en estas situaciones? Usa el imperativo y un pronombre. | Was kannst du in diesen Situationen sagen? Verwende den Imperativ und ein Pronomen.

_____/5 Punkten

1. Tu amigo quiere salir con una chica y ya tiene su número de teléfono.

_____

2. Estás con tu amiga y necesitas ayuda con tus deberes.

_____

3. Tu hermano pequeño no quiere hacer sus deberes.

_____

4. Ves a una amiga en la calle y quieres dar recuerdos a su hermana.

_____

5. Quieres quedar con unos amigos en la plaza.

_____

## MEDIACIÓN | SPRACHMITTLUNG

**7** Estás haciendo un curso de español en Málaga y vuestro profesor organiza una visita guiada del centro de la ciudad para tus compañeros y ti. Ves a dos jóvenes alemanes que necesitan ayuda y no hablan español. | Du nimmst an einem Sprachkurs in Málaga teil und euer Sprachlehrer macht eine Stadtführung für euch. Du siehst zwei junge Deutsche, die Hilfe brauchen, aber kein Spanisch sprechen.

_____/10 Punkten

**Tú**: Hallo, kann ich euch helfen?

**Jóvenes**: Ja, wir suchen ein Hotel. Unser Stadtführer (_la guía_) ist nicht mehr ganz neu und viele Hotels gibt es nicht mehr. (Zu deinem Sprachlehrer) Sind Sie der Lehrer?

**Tu profesor**: ¿Cómo? Perdón, no hablo alemán.

**Tú**: _____

**Jóvenes**: Ach so. Aber dein Spanischlehrer kann uns sicher ein ruhiges Hostel (_el hostal_) oder ein nicht zu teures Hotel empfehlen.

**Tú**: _____

**Tu profesor**: Pues… no sé. Hay muchos hoteles en el centro, pero… ¿tranquilos? Aquí siempre hay mucha marcha. Pueden probar el hotel Trébol. Creo que tienen buenos precios.

**Tú**: _____

**Jóvenes**: Das hört sich gut an. Wie kommen wir denn dahin?

**Tú:** _____

**Tu profesor:** Primero tienen que coger la calle Cisneros. Luego giran a la izquierda en la Calle Nueva. Tienen que seguir todo recto hasta la calle Marqués. Allí giran a la derecha y siguen hasta la calle Moreno Carbonero. El hotel está en el número 3.

**Tú:** _____

**Jóvenes:** Super. Herzlichen Dank für deine Hilfe. Sag auch deinem Lehrer vielen Dank von uns. Wir finden Málaga sehr schön. Und die Leute sind so freundlich.

**Tú:** _____

**Tu profesor:** De nada. ¡Qué tengan una estancia agradable (_angenehmer Aufenthalt_) en Málaga! ¡Adiós!

**Tú:** _____

## EXPRESIÓN ESCRITA | TEXTPRODUKTION

**8** Por fin llegaron las vacaciones de verano y Vega está en Alicante con sus primas. Vega escribe un correo electrónico a su amiga Laura y le cuenta lo que hizo los primeros días y lo que quiere hacer los últimos días. Las siguientes ideas te pueden ayudar. | Endlich sind die Sommerferien da und Vega ist bei ihren Cousinen in Alicante. Sie schreibt eine E-Mail an Laura und erzählt ihr, was sie in den ersten Tagen unternommen hat und was sie in den letzten Tagen noch machen möchte. Verwende das _Pretérito indefinido_ und das Futur mit _ir a_ + Infinitiv. Denke an eine passende Anrede und einen passenden Schluss. Folgende Ideen können dir helfen:

_____ / 20 Punkten

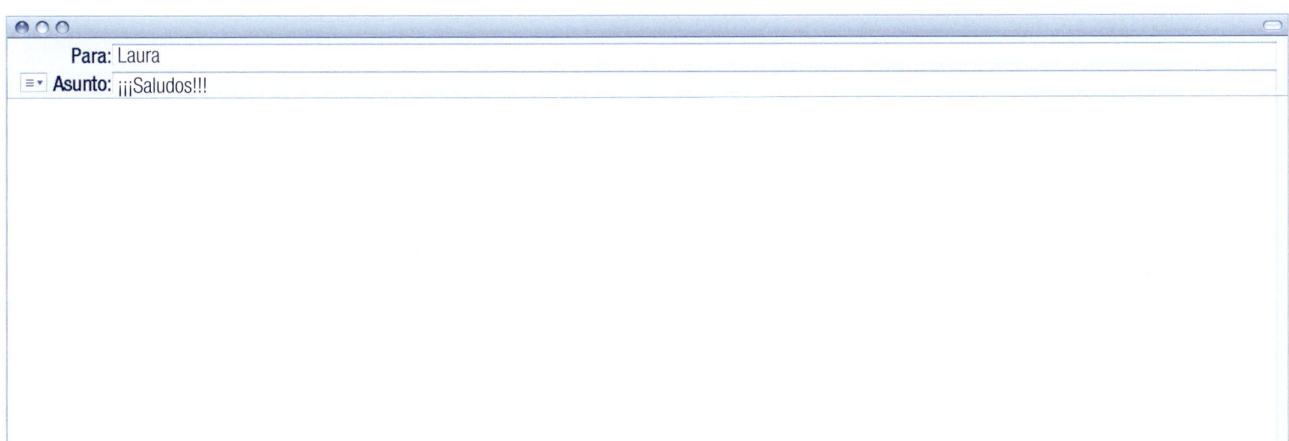

**Para:** Laura
**Asunto:** ¡¡¡Saludos!!!

# KLASSENARBEIT B

---

### COMPRENDER EL TEXTO | LESEVERSTEHEN

**1** ¿Dónde hay una farmacia por aquí? Mira el mapa y lee el texto. Apunta los números de los diferentes lugares. | Wo gibt es hier eine Apotheke? Schau dir die Karte an und lies den Text. Trage die Nummern der verschiedenen Orte in den Stadtplan ein.

_____/ 6 Punkten

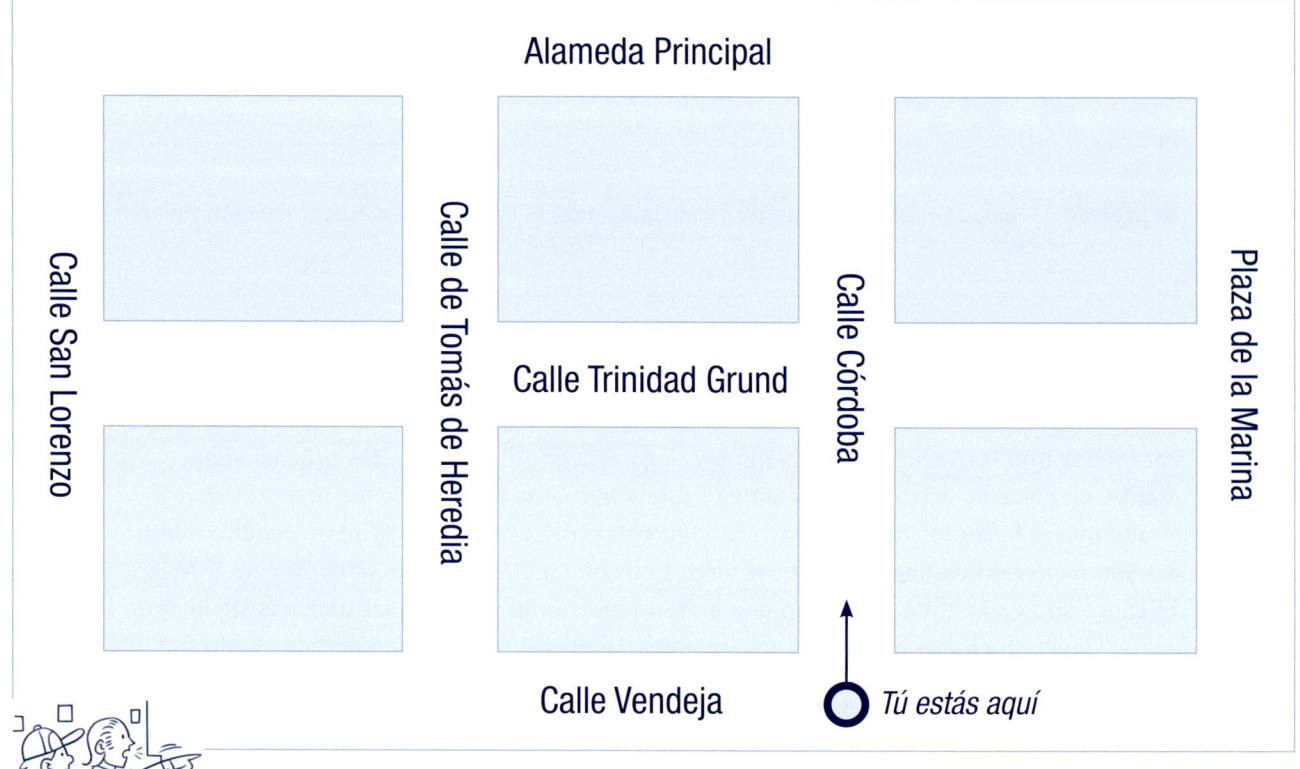

Alameda Principal

Calle de Tomás de Heredia

Calle San Lorenzo

Calle Trinidad Grund

Calle Córdoba

Plaza de la Marina

Calle Vendeja

Tú estás aquí

Ve todo recto. A la izquierda está la **oficina de turismo** (1). Cruza la calle y sigue todo recto. Hay un **bar** (2) a la derecha. Luego gira dos veces a la izquierda. A la derecha está el **cine** (3) y a la izquierda hay una **tienda de recuerdos** (4). Ahora gira a la derecha en la calle Trinidad Grund. Luego giras a la izquierda en la calle San Lorenzo. La **oficina de Correos** (5) está a la izquierda. Al final coge la primera calle a la izquierda y cruza la calle de Tomás de Heredia. La **farmacia** (6) está ahí, a la izquierda.

---

### ESCUCHAR | HÖRVERSTEHEN

🎧15 **2** Escucha el pronóstico del tiempo para Málaga y marca la respuesta correcta: ¿qué tiempo va a hacer el viernes, el sábado, el domingo y el lunes? | Höre die Wettervorhersage für Málaga und kreuze die richtige Antwort an: Wie wird das Wetter am Freitag, Samstag, Sonntag und Montag?

_____/ 9 Punkten
(6 x 1,5 Punkte)

|         | ☀ | 🌧 | 🌬 |
|---------|---|----|----|
| viernes |   |    |    |
| sábado  |   |    |    |
| domingo |   |    |    |
| lunes   |   |    |    |

**HABLAR | SPRECHEN**

**3**  Describe el dibujo (monólogo de dos minutos). | Beschreibe die Zeichnung.
Du solltest etwa zwei Minuten lang sprechen.

_____/10 Punkten

¿Qué ves en el dibujo?
¿Qué hay en el dibujo?
¿Dónde está?
¿Qué está haciendo la gente?

Tipps:
1. Sage zuerst, worum es auf dem Bild geht.
2. Überlege dir eine sinnvolle Reihenfolge, in der du die abgebildeten Dinge oder Personen beschreibst, z. B.
   von der Mitte nach außen.
3. Schaffe einen sinnvollen Zusammenhang und „springe" bei der Beschreibung nicht im Bild hin und her.
4. Achte auf den Gebrauch von _hay_ („es gibt") und _estar_ („sich befinden").
5. Wenn auf dem Bild Personen zu sehen sind, kannst du auch ihr Aussehen beschreiben. Wenn du ihre
   Handlungen beschreiben willst, verwende _estar_ + _gerundio_.

**4**  Pronto vas a tener vacaciones y vas a ir a un pueblo para ver a la familia. Estás
hablando con un amigo sobre tus planes. Él se va a ir a Madrid porque no le gusta
nada pasar las vacaciones en el campo. | Bald hast du Ferien und wirst in ein Dorf
fahren, um die Verwandten dort zu besuchen. Du sprichst mit einem Freund über
deine Pläne. Er wird nach Madrid fahren, weil er Ferien auf dem Land überhaupt nicht mag.

_____/20 Punkten

**a** Imagina argumentos para pasar las vacaciones en un pueblo. Después ordena los argumentos: ¿cuáles son los
más fuertes / los más débiles? Imagina los posibles argumentos de tu amigo en contra de pasar las vacaciones
en el pueblo. | Überlege dir Argumente für Ferien auf dem Land. Ordne dann die Argumente: Welche sind die
stärksten, welche die schwächsten? Überlege dir auch mögliche Argumente deines Freundes gegen die Ferien
auf dem Land.

| argumentos a favor | argumentos en contra |
|---|---|
|  |  |
|  |  |
|  |  |

**b** Haz el diálogo con tu amigo. Pulsa «pausa» cuando escuchas la señal. | Führe das Gespräch mit deinem
Freund. Drücke „Pause", wenn du den Ton hörst. Drücke „Play", wenn du deinen Part gesagt hast.

**EXPRESIÓN ESCRITA | TEXTPRODUKTION**

**5** Durante las vacaciones estás haciendo un curso de español en Málaga. Hoy por la tarde vais a hacer una gran fiesta con tus compañeros del curso en la escuela de idiomas. Has invitado a un chico español que has conocido en la playa. Él acaba de mandarte este SMS. | Während der Ferien machst du einen Spanischkurs in Málaga. Heute Nachmittag feierst du mit deinen Freunden aus dem Kurs ein großes Fest in der Sprachschule. Du hast auch einen spanischen Jungen eingeladen, den du am Strand kennengelernt hast. Er hat dir gerade die folgende SMS geschickt:

_____/20 Punkten

> hl, voy a ir a la fsta en bus. Mi bus pasa por la Alameda Principal. ¿Cómo llego a la fsta? Bss, Esteban

Con ayuda de tu mapa de Málaga, escribe un correo electrónico a Esteban y explícale el camino. | Denke an eine geeignete Anrede, eine kurze Einleitung und einen passenden Abschied.

## KLASSENARBEIT A

**COMPRENDER EL TEXTO | LESEVERSTEHEN**

### De visita en Barcelona

Dennis, Leon y Cynthia se han conocido en Barcelona en una escuela de idiomas: todos están pasando dos semanas en Barcelona para hacer un curso de español y ¡claro!, para conocer la ciudad, los monumentos y la gente… Por las mañanas tienen clase de español y por las tardes su profesor español organiza muchas actividades diferentes: ya han visto muchos monumentos diferentes, pero también han ido a la playa… Hoy están escribiendo unas cartas a sus compañeros de la clase de español de Alemania.

¡Queridos compañeros!
Barcelona es fenomenal y es mucho más grande que Münster. Hace muy buen tiempo y cada día conocemos algo nuevo en la ciudad con nuestro profe de español. La semana pasada dimos una vuelta por el Barrio Gótico y la Rambla. Allí siempre hay un montón de músicos y de estatuas humanas. También visitamos la Sagrada Familia. Creo que es la iglesia más bonita que jamás he visto. Esta semana ya hemos ido a la playa y hemos subido a la Montaña Rusa. Hoy hemos ido al barrio del Raval. Está cerca de la Rambla. Allí está la Plaça dels Àngels, que es el mejor lugar para patinar. Nos hemos sentado en la escalera y hemos mirado a la gente… Es fantástico. He hecho miles de fotos. Miradlas en mi facebook.
Saludos,
Dennis

¡¡Hola, chicos!!
¿Qué tal? Estoy en Barcelona y ¡lo paso bomba! En la escuela de idiomas hay chicos alemanes e ingleses. El profe de Español es bastante majo y explica muy bien las cosas. En clase cantamos mucho y esta semana ya hemos preparado una cena española típica. Yo he hecho el pan con tomate. Después de las vacaciones, lo voy a preparar para vosotros. Ayer visitamos el estadio Camp Nou. Sabéis que mi equipo favorito es el Barça. No lo vais a creer, pero pudimos ver un entrenamiento. ¡Y recibí un autógrafo de Messi! ¡¡Es el mejor jugador del mundo!!
¡Recuerdos a todos!
Cynthia

¡Querida clase 8c!
Pues al final no me quedé en Friburgo. Estoy en Barcelona y hago un curso de español. ¡Mola mucho! Los otros chicos de mi grupo son muy majos. Hace dos días fuimos juntos a un restaurante y hemos comido las famosas tapas, ¡qué ricas! En Barcelona hay de todo: mar, playa, cines, parques y muchas tiendas. No sabes por dónde empezar. Mi lugar favorito es el Parc de la Ciutadella: allí siempre hay mucha marcha porque la gente toca los tambores o hace malabarismos. Y es verdad que la gente aquí no sólo habla español, sino también catalán. El profe ha dicho que los jóvenes catalanes hablan catalán en la escuela y también en la universidad. Ya sé una palabra catalana:
¡Adéu! Leon

**1** **a** ¿De quién son las fotos? Ordena las fotos. | Wer hat die Fotos gemacht? Schreibe die Nummer der Fotos zu der jeweiligen Person. Achtung: Zwei Fotos sind zu viel.

_____ /7 Punkten

Dennis: _____    Cynthia: _____    Leon: _____

1

La Rambla

2

el Camp Nou

3

La Boquería

4

las Tapas

5

la Montaña Rusa

6

la Sagrada Familia

7

el Parc de la Ciutadella

8

la Plaça dels Ángels

9

el Port Olímpic

**b** Lee las cartas y marca las frases con verdadero, falso o «no está en el texto». | Lies die Briefe und kreuze das richtige Kästchen an.

_____ /12 Punkten

| | V | F | No está |
|---|---|---|---|
| 1. Dennis, Leon y Cynthia son compañeros de clase en Alemania. | ☐ | ☐ | ☐ |
| 2. Pasan dos semanas en Barcelona para aprender mejor el español. | ☐ | ☐ | ☐ |
| 3. Pasan todo el día en la playa. | ☐ | ☐ | ☐ |
| 4. Dennis nunca ha visto una iglesia más bonita que la Sagrada Familia. | ☐ | ☐ | ☐ |
| 5. A Dennis le gusta mucho patinar. | ☐ | ☐ | ☐ |
| 6. Los chicos ya han preparado juntos una cena española típica. | ☐ | ☐ | ☐ |
| 7. En clase escuchan muchas canciones españolas. | ☐ | ☐ | ☐ |
| 8. A Cynthia le gusta mucho el fútbol. | ☐ | ☐ | ☐ |
| 9. Cynthia echa de menos a sus compañeros alemanes. | ☐ | ☐ | ☐ |
| 10. Leon es de Friburgo. | ☐ | ☐ | ☐ |
| 11. A Leon no le gusta ir al Parc de la Ciutadella. | ☐ | ☐ | ☐ |
| 12. Los jóvenes catalanes hablan catalán en la escuela y en la universidad. | ☐ | ☐ | ☐ |

## VOCABULARIO | WORTSCHATZ

**2** ¡Qué rico! Escribe las palabras españolas al lado de los alimentos. |
Wie lecker! Beschrifte die spanischen Lebensmittel.

_____ /7 Punkten
(14 x 0,5 Punkte)

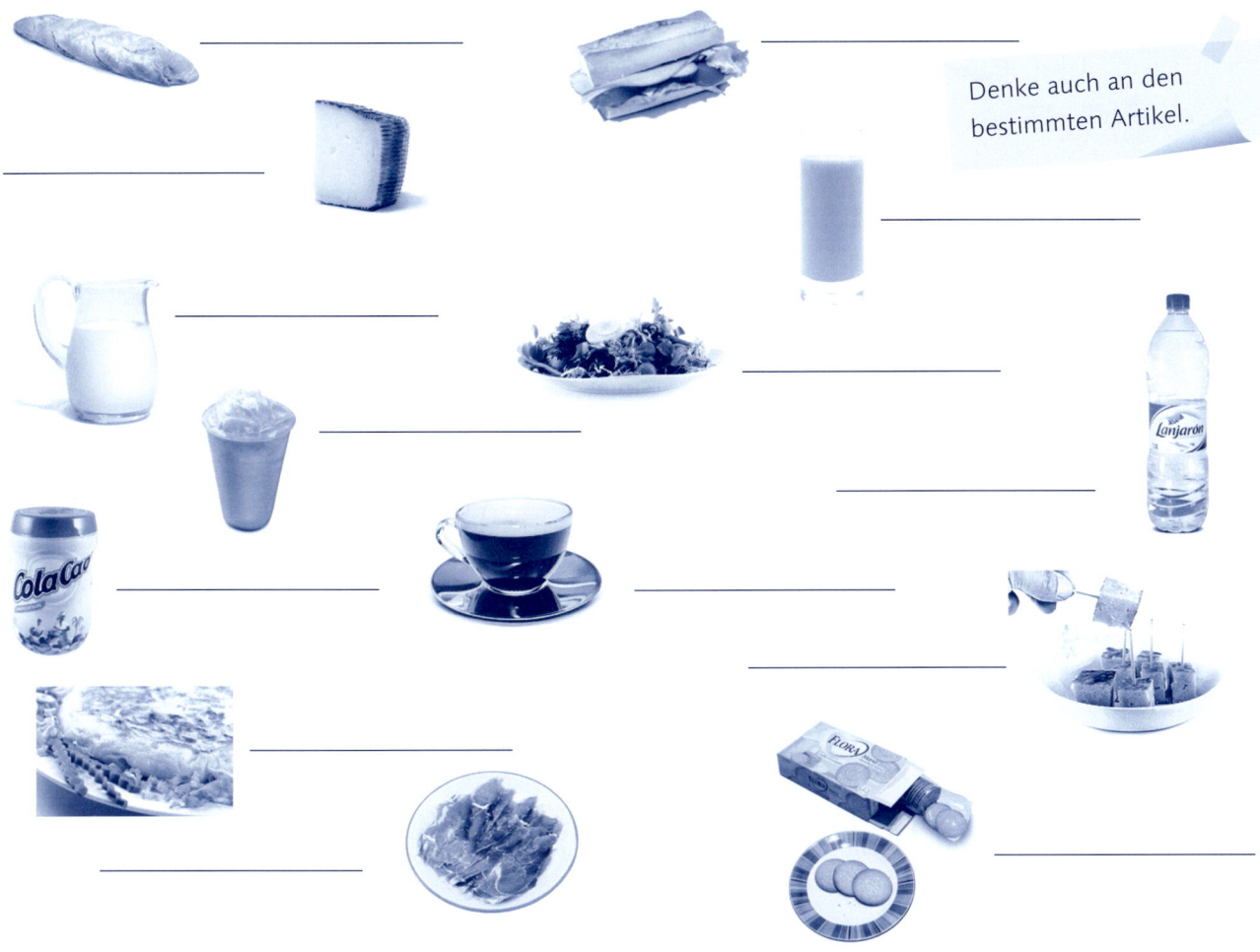

Denke auch an den bestimmten Artikel.

## GRAMÁTICA | GRAMMATIK

**3** Compara a los tres jóvenes con _más... que_ (+), _menos... que_ (–) y _tan... como_ (=) y utiliza
los siguientes adjetivos. Escribe cinco frases. | Vergleiche die drei Jugendlichen mit
_más... que_ (+), _menos... que_ (–) und _tan... como_ (=). Schreibe fünf Sätze in dein Heft
und verwende jede Konstruktion mindestens ein Mal.

_____ /5 Punkten

| majo/-a | alegre | rebelde | tímido/-a | joven |

**Juana, 15 años**
- siempre discute con los profes
- tiene muchos amigos
- le encanta charlar con sus amigos

**Esteban, 14 años**
- a veces está triste
- siempre ayuda a sus amigos
- le gusta jugar a los videojuegos

**Enrique, 15 años**
- no habla con las chicas, sólo las mira
- a veces tiene problemas con los profes
- le gusta el pop

**4** ¿Qué han hecho hoy Laura y Vega? Cuenta su día y usa el pretérito perfecto. | \_\_\_\_\_/10 Punkten
Was haben Laura und Vega heute gemacht? Erzähle ihren Tag und verwende
das *Pretérito perfecto*. Wenn du den Kasten benutzt, ist es einfacher und du
musst dir drei Punkte abziehen.

levantarse temprano    hacer el desayuno    irse a la estación de trenes    decir «¡Adiós!»
subir al tren para Salamanca    volver a casa    escribir una carta a Diego
quedar con Francesc    dar una vuelta por el Barrio Gótico    ver una peli

**5** ¿Pretérito perfecto o pretérito indefinido? Completa con la forma correcta. | \_\_\_\_\_/12 Punkten
¿*Pretérito perfecto* oder *Pretérito indefinido*? Ergänze mit der entsprechenden Form.

**Roberto**: Hola, Vega, ¿qué tal las vacaciones?

**Vega**: Pues al final _____ (*irse*) a Barcelona, _____ (*estar*) con Laura.

**Roberto**: ¿De verdad? ¡Qué guay! ¿Y cómo _____ (*ser*)?

**Vega**: Nos lo _____ (*pasar*) bomba. Laura y yo _____ (*compartir*) la habitación y por la

noche _____ (*hablar*) durante horas.

**Roberto**: ¿Y qué _____ (*visitar* / vosotras) en Barcelona?

**Vega**: _____ (*ver* / nosotras) un montón de cosas: los monumentos, el Parque Güell… Y tú, ¿ya

_____ (*ir*) al campamento de verano?

**Roberto**: Todavía no, es que acabo de volver de La Alberca. Pero fíjate, esta mañana _____ (*recibir*)

un mensaje de Diego. _____ (*escribir*) que pronto va a volver a Salamanca.

**Vega**: Uy, ¡por fin! Ya lo _____ (*echar* / nosotros) mucho de menos, ¿verdad?

## MEDIACIÓN | SPRACHMITTLUNG

**6** Quieres ir al parque zoológico de Barcelona con un amigo. Él no habla español.
Explícale el cartel. | Du möchtest mit einem Freund in den Zoo in Barcelona gehen.
Er spricht kein Spanisch. Erkläre ihm die Bedeutung des Plakats.

_____/5 Punkten

1. **NO ESTÁ PERMITIDO[1] SALIR DEL ZOO Y VOLVER A ENTRAR CON LA MISMA ENTRADA.**

2. **NO ESTÁ PERMITIDA LA ENTRADA A MENORES DE 13 AÑOS QUE NO VAYAN ACOMPAÑADOS DE PERSONAS ADULTAS[2].**

3. **ESTÁ RIGUROSAMENTE PROHIBIDO DARLES DE COMER A LOS ANIMALES.**

4. **NO ESTÁ PERMITIDO HACER FOTOGRAFÍAS O FILMACIONES CON FINES PROFESIONALES O COMERCIALES.**

5. **LA ORGANIZACIÓN[3] SE RESERVA EL DERECHO DE CAMBIAR LA PROGRAMACIÓN DE ACTIVIDADES.**

**1** permitido/-a _erlaubt_
**2** adulto/-a _erwachsen_
**3** la organización _el parque zoológico_

_____

_____

_____

_____

_____

_____

_____

_____

_____

_____

_____

## EXPRESIÓN ESCRITA | TEXTPRODUKTION

**7** Jaume de Barcelona participa en el intercambio con tu instituto y vive una semana en tu casa. Por la mañana va al instituto contigo y por la tarde tu profe de Español organiza muchas cosas diferentes que hacer. Él escribe un correo electrónico a sus amigos barceloneses y les cuenta:

–lo que hizo los primeros días,
–lo que es igual a / diferente de Barcelona,
–lo que ha hecho hoy,
–lo que va a hacer los dos últimos días,
–lo que más le ha gustado hasta ahora de tu ciudad/pueblo.
Escribe su correo. |

Jaume aus Barcelona macht beim Schüleraustausch mit deiner Schule mit und wohnt eine Woche lang bei dir. Morgens geht er mit dir zur Schule und am Nachmittag organisiert dein Spanischlehrer / deine Spanischlehrerin viele verschieden Dinge. Er schreibt seinen Freunden in Barcelona eine E-Mail, in der er ihnen erzählt:
– was er in den ersten Tagen unternommen hat,
– was anders ist als / genauso ist wie in Barcelona,
– was er heute unternommen hat,
– was er in den letzten zwei Tagen unternehmen wird,
– was ihm bis jetzt am meisten in deiner Stadt / deinem Dorf gefallen hat.
Schreibe seine E-Mail.

| | |
|---|---|
| **Para:** | Conxa, Pedro, Xavi, Mercedes |
| **Asunto:** | Saludos desde Alemania |

¡Hola, chicos!

Ya hace cuatro días que llegué a _____ y me lo paso fenomenal…

_____

_____

_____

_____

_____

_____

_____

_____

_____

_____

_____

# KLASSENARBEIT B

**COMPRENSIÓN ORAL | HÖRVERSTEHEN**

🎧17 **1** **a** Adrián y Carla están de visita en Barcelona y conocen a gente nueva. Escucha la primera parte del texto. ¿Qué hicieron los días pasados? Marca las fotos correctas. | Adrián und Carla sind zu Besuch in Barcelona und lernen neue Leute kennen. Höre dir den ersten Teil des Dialogs an. Was haben sie in den vergangenen Tagen besichtigt? Kreuze die entsprechenden Fotos an.

_____/4 Punkten
(8 x 0,5 Punkte)

1. el Camp Nou

2. el Parc de la Ciutadella

3. el MACBA

4. el Tibidabo

5. la playa

6. La Boquería

7. el Barrio Gótico

8. la discoteca

🎧18 **b** Escucha la segunda parte del diálogo (Track 18): ¿qué atracciones turísticas quieren visitar hoy? Marca la casilla correcta. | Höre den zweiten Teil des Dialogs (Track 18). Welche Sehenswürdigkeiten möchten sie heute besichtigen? Kreuze das richtige Kästchen an.

_____/4 Punkten
(8 x 0,5 Punkte)

1. Sí No
el Poble Espanyol

2. Sí No
el barrio de Gràcia

3. Sí No
la Fundació Joan Miró

4. Sí No
La Rambla

5. Sí No
el Parque Güell

6. Sí No
el Carrer dels Tallers

7. Sí No
el Port Olímpic

8. Sí No
la Sagrada Familia

🎧19  **c** Lee las frases. Luego escucha las dos partes del diálogo otra vez (Track 19) y marca la respuesta correcta. | Lies dir die Sätze aufmerksam durch. Höre den ganzen Dialog noch einmal (Tracks 19) und kreuze die richtige Antwort an.

_____/10 Punkten

|  | V | F | No está |
|---|---|---|---|
| 1. Adrián y Carla quieren recorrer toda la ciudad a pie. | ☐ | ☐ | ☐ |
| 2. Por la mañana los dos discutieron mucho. | ☐ | ☐ | ☐ |
| 3. Pedro y Mariví también son de Salamanca. | ☐ | ☐ | ☐ |
| 4. El viernes Carla y Adrián jugaron al vóley playa. | ☐ | ☐ | ☐ |
| 5. Ayer Pedro y Mariví desayunaron en un bar cerca de su hostal. | ☐ | ☐ | ☐ |
| 6. Los jóvenes quieren ir juntos a la Sagrada Familia. | ☐ | ☐ | ☐ |
| 7. En el barrio de Gràcia casi no viven jóvenes. | ☐ | ☐ | ☐ |
| 8. En Gràcia también hay muchos cines. | ☐ | ☐ | ☐ |
| 9. A Pedro le han dicho que el Parque Güell es fantástico. | ☐ | ☐ | ☐ |
| 10. El Parque Güell está cerca del barrio de Gràcia. | ☐ | ☐ | ☐ |

🎧20 **2** **a** Escucha el texto y rellena la tabla. | Höre dir den Text an und ergänze die Tabelle.

_____/4 Punkten

| ¿Quiénes son? | |
|---|---|
| ¿Dónde están? | |
| ¿Qué están haciendo? | |
| | |

🎧20  **b** Escucha otra vez y escribe los nombres de las personas en la tabla. Cuidado: dos cosas sobran. | Höre dir den Text noch einmal an und schreibe den Namen der Personen in die Tabelle. Achtung: Zwei Informationen sind zu viel.

_____/11 Punkten

| | Nombre/s | | Nombre/s |
|---|---|---|---|
| ¿Quién pide...? | | | |
| | | | |
| | | | |
| | | | |
| | | | |

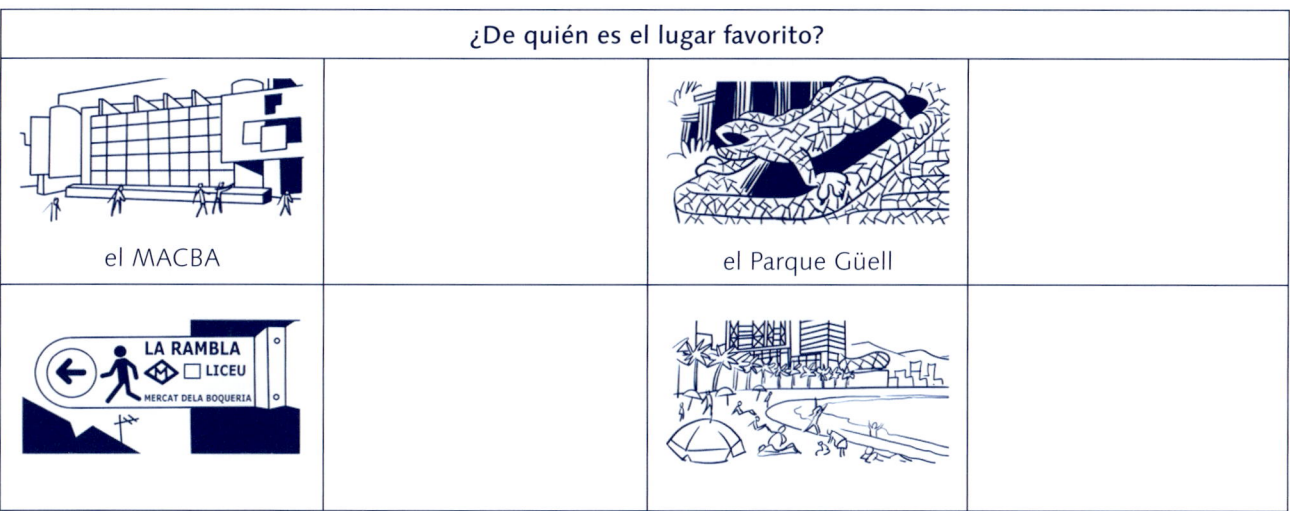

| ¿De quién es el lugar favorito? | | | |
|---|---|---|---|
| el MACBA | | el Parque Güell | |
| LA RAMBLA | | | |

---

**VOCABULARIO | WORTSCHATZ**

**3**   Elige la actividad a o b. | Wähle Aufgabe a oder b.

**a**   Haz una red de palabras sobre los medios (por lo menos seis palabras). Escribe los sustantivos con el artículo. | Erstelle ein Wörternetz über die Medien (z. B. Zeitung, Buch …; mindestens sechs Wörter oder Wortgruppen). Denke auch an passende Verben oder Ergänzungen. Schreibe die Substantive mit dem Artikel auf.

_____/6 Punkten

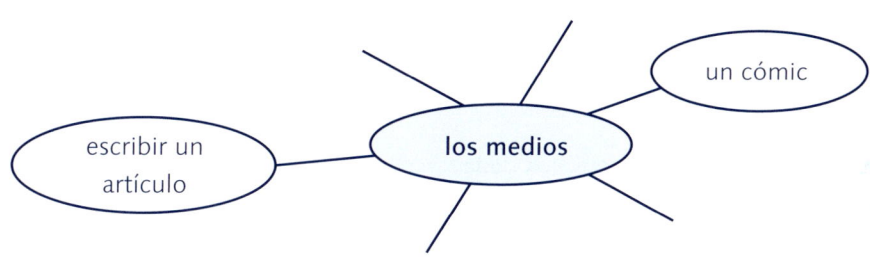

**b**   ¿Qué es? Explica estas palabras en español. | Was ist das? Umschreibe die Wörter auf Spanisch.

_____/8 Punkten
(4 x 2 Punkte)

1. un joven: _____

2. barato/-a: _____

3. de segunda mano: _____

4. sentarse: _____

## GRAMÁTICA | GRAMMATIK

**4** Haz tu lista personal de favoritos. Usa el superlativo y escribe seis frases. |      _____/6 Punkten

Erstelle deine persönliche Best-of-Liste. Verwende den Superlativ und
schreibe sechs Sätze.

**Ejemplo:** Para mí la película más divertida es «Twilight».

| el libro | la actividad | la ciudad | el grupo | el deporte | la cosa | el color | la asignatura | ... |

| interesante (+/−)    aburrido/-a (+/−)    bueno/-a (+/−)    tranquilo/-a (+/−)    difícil (+/−) |
| bonito/-a (+/−)    importante (+/−)    triste (+/−)    raro/-a (+/−)    malo/-a (+/−)    ... |

_____

_____

_____

_____

_____

_____

_____

_____

**5** Encuentra a los siete participios irregulares y completa con el infinitivo. | Finde die      _____/7 Punkten

sieben unregelmäßigen Partizipien und ergänze den dazugehörigen Infinitiv.

| X | V | R | A | D | I | O | X | L |
|---|---|---|---|---|---|---|---|---|
| P | U | E | S | T | O | F | U | E |
| S | E | S | C | R | I | T | O | E |
| O | L | Y | O | D | A | L | I | R |
| Y | T | A | B | I | E | R | T | O |
| X | O | T | Ú | C | Y | V | O | Y |
| H | A | Y | X | H | E | C | H | O |
| V | I | S | T | O | Y | F | U | I |

| Partizip | Infinitiv |
|---|---|
|  |  |
|  |  |
|  |  |
|  |  |
|  |  |
|  |  |
|  |  |

**6**    Elige la actividad a o b. | Wähle Aufgabe a o b.

**a** ¿Qué han hecho ya esta semana? ¿Qué no han hecho todavía? Cuéntalo. |
Was haben die Personen diese Woche bereits gemacht? Was noch nicht? Erzähle.

_____/ 6 Punkten

yo: aprender unas palabras en catalán ✔

vosotros: probar el pan con tomate ✔

Vega: llamar a la familia

Laura y Francesc: quedar con amigos ✔

tú: subir al Tibidabo ✔

nosotras: perderse en la ciudad

_____

_____

_____

_____

_____

_____

**b** Cuenta cómo ha sido el día de hoy de Sandra y usa el pretérito perfecto. |
Erzähle Sandras Tag und verwende das *Pretérito perfecto*.

_____/ 9 Punkten
(6 x 1,5 Punkte)

1   BIP BIP   SMS   06:00

2

3

_____    _____    _____

_____    _____    _____

_____    _____    _____

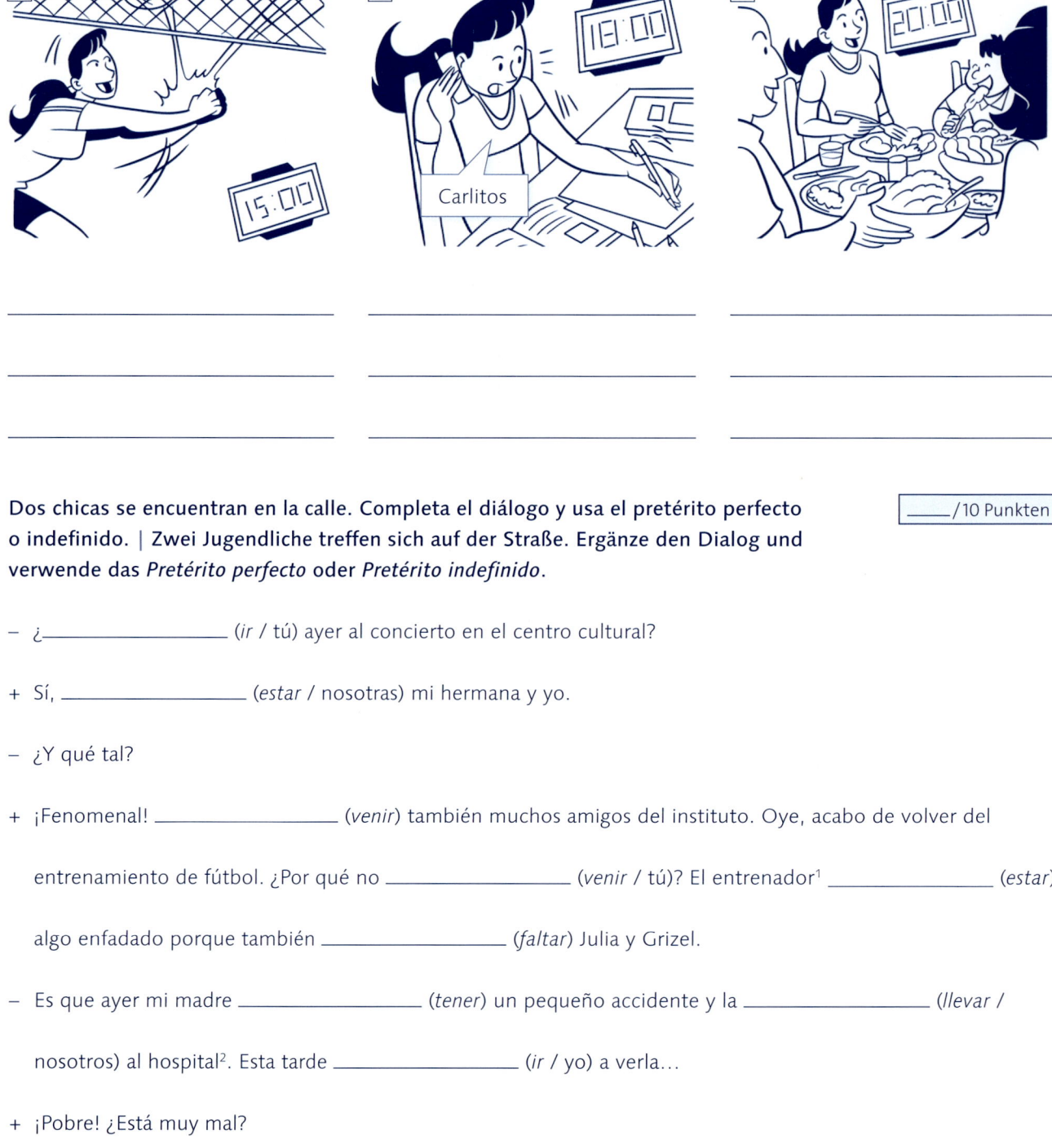

**7** Dos chicas se encuentran en la calle. Completa el diálogo y usa el pretérito perfecto o indefinido. | Zwei Jugendliche treffen sich auf der Straße. Ergänze den Dialog und verwende das *Pretérito perfecto* oder *Pretérito indefinido*.

_____/10 Punkten

– ¿_____ (*ir* / tú) ayer al concierto en el centro cultural?

+ Sí, _____ (*estar* / nosotras) mi hermana y yo.

– ¿Y qué tal?

+ ¡Fenomenal! _____ (*venir*) también muchos amigos del instituto. Oye, acabo de volver del

entrenamiento de fútbol. ¿Por qué no _____ (*venir* / tú)? El entrenador[1] _____ (*estar*)

algo enfadado porque también _____ (*faltar*) Julia y Grizel.

– Es que ayer mi madre _____ (*tener*) un pequeño accidente y la _____ (*llevar* /

nosotros) al hospital[2]. Esta tarde _____ (*ir* / yo) a verla…

+ ¡Pobre! ¿Está muy mal?

– ¡Qué va! Ya _____ (*volver* / ella) a casa, está muy bien…

1 el/la entrenador/a *der/die Trainer/in*
2 el hospital *das Krankenhaus*

## EXPRESIÓN ESCRITA | TEXTPRODUKTION

**8** Imagínate: estás con una amiga en el bar «Tres tombs» de Barcelona y queréis tomar algo. Inventa el diálogo con el camarero y entre vosotros/-as. Usa tres expresiones del recuadro. | Stell dir vor: Du bist mit einer Freundin in der Bar „Tres tombs" in Barcelona und ihr möchtet etwas trinken und essen. Erfinde das Gespräch mit dem Kellner und zwischen euch. Verwende drei Wendungen aus dem Kasten.

_____/ 20 Punkten

| | |
|---|---|
| Hay tantas cosas que ver. Todavía no sé… Lo siento, pero ya no hay. ¿Ponemos fondo? | |
| Estoy muerto/-a. Todavía no hemos… Ya hemos visto… | |

**BOCADILLOS**

| | |
|---|---|
| Hamburguesa | 2,90 € |
| Tortilla | 3,10 € |
| Jamón | 3,40 € |
| Queso | 3,25 € |
| Chorizo o Salchichón | 3,00 € |

**TAPAS**

| | |
|---|---|
| Croqueta | 1,30 € |
| Tortilla de Patatas | 3,15 € |
| Pan con tomate | 1,30 € |
| Olivas | 2,20 € |
| Champiñones | 3,70 € |
| Pinchos | 3,25 € |
| Tapa Queso | 3,50 € |
| Tapa Chorizo o Salchichón | 3,35 € |
| Tapa Jamón | 4,70 € |
| Ensalada de verano | 3,45 € |

**REFRESCOS**

| | |
|---|---|
| Zumo naranja natural | 2,30 € |
| Horchata | 2,30 € |

BAR RESTAURANTE
Rda. Sant Antoni, 2 bajos
Tel. 93 443 4111
09001 Barcelona
www.gruporeloj.com

TRES TOMBS

# PUNKTETABELLE ZUR ERMITTLUNG DER GESAMTNOTE

Diese Tabelle soll dir bei der Bewertung deiner Übungsklassenarbeiten helfen. Dein Lehrer oder deine Lehrerin legt möglicherweise einen anderen Bewertungsmaßstab zugrunde.

| Note | 1 | 2 | 3 | 4 | 5 | 6 |
|---|---|---|---|---|---|---|
| **Unidad 1** | | | | | | |
| Klassenarbeit A | 59–56,5 | 56–47 | 46,5–38,5 | 38–26,5 | 26–17,5 | 17–0 |
| Klassenarbeit B | 65–62,5 | 62–52 | 51,5–42,5 | 42–29,5 | 29–19,5 | 19–0 |
| **Unidad 2** | | | | | | |
| Klassenarbeit A | 72–69 | 68,5–57,5 | 57–47 | 46,5–32,5 | 32–21,5 | 21–0 |
| Klassenarbeit B | 77–74 | 73,5–61,5 | 61–50 | 49,5–34,5 | 34–23 | 22,5–0 |
| **Unidad 3** | | | | | | |
| Klassenarbeit A | 73–70 | 69,5–58,5 | 58–47,5 | 47–33 | 32,5–22 | 21,5–0 |
| Klassenarbeit B | 75–72 | 71,5–60 | 59,5–49 | 48,5–34 | 33,5–22,5 | 22–0 |
| **Unidad 4** | | | | | | |
| Klassenarbeit A | 71–68 | 67,5–57 | 56,5–46 | 45,5–32 | 31,5–21,5 | 21–0 |
| Klassenarbeit B | 79–76 | 75,5–63 | 62,5–51,5 | 51–35,5 | 35–23,5 | 23–0 |
| **Unidad 5** | | | | | | |
| Klassenarbeit A | 82–78,5 | 78–65,5 | 65–53,5 | 53–37, | 36,5–24,5 | 24–0 |
| Klassenarbeit B | 72–69 | 68,5–57,5 | 57–47 | 46,5–32,5 | 32–21,5 | 21–0 |
| **Unidad 6** | | | | | | |
| Klassenarbeit A | 78–75 | 74,5–62,5 | 62–50,5 | 50–35 | 34,5–23,5 | 23–0 |
| Klassenarbeit B | 82–78,5 | 78–65,5 | 65–53,5 | 53–37 | 36,5–24,5 | 24–0 |
| **Unidad 7** | | | | | | |
| Klassenarbeit A | 76–73 | 72,5–61 | 60,5–49,5 | 49–34 | 33,5–23 | 22,5–0 |
| Klassenarbeit B | 65–62,5 | 62–52 | 51,5–42,5 | 42–29,5 | 29–19,5 | 19–0 |
| **Suplemento Cataluña** | | | | | | |
| Klassenarbeit A | 78–75 | 74,5–62,5 | 62–50,5 | 50–35 | 34,5–23,5 | 23–0 |
| Klassenarbeit B | 93–89,5 | 89–74,5 | 74–60,5 | 60–42 | 41,5–28 | 27,5–0 |

# WIE KANNST DU KÜNFTIG FEHLER VERMEIDEN?

Damit du Fehler, die dir in den Übungsklassenarbeiten unterlaufen sind, in deiner Klassenarbeit nicht wiederholst, ist es wichtig, dass du sie verbesserst bzw. den Stoff wiederholst. Du kannst deine Ergebnisse auch deinem Lehrer oder deiner Lehrerin zeigen und ihn oder sie nach weiteren Tipps und Übungsmöglichkeiten fragen.

### COMPRENDER EL TEXTO | LESEVERSTEHEN

Gleiche nochmals den Text mit den Aufgaben ab. Suche dabei gezielt die Textstelle, die die gesuchte Information enthält. Du kannst dir wichtige Wörter oder Sätze auch mit unterschiedlichen Farben markieren. Weitere Tipps findest du im ▶ SCHÜLERBUCH auf S. 164.

### COMPRENSIÓN ORAL | HÖRVERSTEHEN

Folgende Hinweise können dir helfen, dein Hörverstehen zu verbessern:
– Lies vor dem ersten Hören die Aufgaben, die du zu dem Hörtext bearbeiten sollst.
– Wenn die Aufgabenstellung bereits eine Situation enthält, überlege dir auf Deutsch, worum es in einer solchen Situation gehen könnte oder was die Personen sagen könnten (z. B. in einem Gespräch zwischen Kellner und Cafégast).
– Achte beim ersten Hören darauf, wie viele und welche Personen sprechen und wo sie sich befinden. Du brauchst noch nicht alle Einzelheiten zu verstehen. Auch der Klang der Stimmen und die Geräusche können dir wichtige Hinweise auf den Inhalt geben.
– Höre den Text mehrmals und mache dir Notizen. Du wirst merken: Bei jedem Hören verstehst du mehr.
– Überlege dir, welche Strategien zum Hörverstehen du aus dem Englisch- oder Französischunterricht bereits kennst und wende diese auf das Spanische an.

### GRAMÁTICA | GRAMMATIK

Wenn du noch Probleme bei manchen Grammatikaufgaben hast, wiederhole mithilfe der *Resumen*-Seiten im Schülerbuch und mithilfe des Grammatikhefts die Regeln. Bearbeite (nochmals) die Aufgaben zum *Autocontrol* im *Cuaderno de actividades*. Die Kommentare der Lösungen geben dir Hinweise, wie und mit welchen Übungen du den jeweiligen Stoff wiederholen kannst.

### VOCABULARIO | WORTSCHATZ

Wiederhole den Wortschatz, indem du dir z. B. Vokabelkarten oder Wörternetze zu bestimmten Themen (z. B. dein Zimmer) anlegst. Du kannst die Vokabeln auch mithilfe eines Computerprogramms lernen.

### MEDIACIÓN | SPRACHMITTLUNG

Beachte genau die Aufgabenstellung. Überlege dir, welche Informationen für deinen Gesprächspartner von Bedeutung sind. Gebe diese Informationen sinngemäß wieder. Es kann sein, dass dein Gesprächspartner vielleicht noch eine zusätzliche kurze Erklärung benötigt, wenn er sich z. B. mit den spanischen oder deutschen Gewohnheiten nicht auskennt. Im ▶ SCHÜLERBUCH findest du auf S. 171 noch weitere Tipps.

### EXPRESIÓN ESCRITA | TEXTPRODUKTION

Arbeite beim Verfassen eigener Texte regelmäßig mit der Fehlersuchliste (S. 94). Tauscht in der Klasse selbst geschriebene Texte untereinander aus und korrigiert euch gegenseitig. So werdet ihr zu Spezialisten bei der Fehlersuche und findet eure eigenen Fehler künftig zuverlässiger.

# AUF FEHLERJAGD: KORRIGIERE DEINE FEHLER SELBST!

Lies einen Text nach dem Schreiben mehrmals durch. Achte bei jedem Durchlesen nur auf eine bestimmte Fehlerquelle. So findest du mehr Fehler und kannst sie vermeiden! Wenn du eine Fehlerquelle nicht verstehst, kannst du das grammatische Thema auf den jeweiligen Seiten ▶ im Schülerbuch nachsehen.

Hast du auf die spanische Rechtschreibung geachtet?
▶ SCHÜLERBUCH, S. 178

intere**s**ante
**ll**amar
¿**cu**ándo?
¿qui**é**nes?

Stimmt der Begleiter mit dem Substantiv überein? Dafür musst du wissen, ob das Substantiv männlich oder weiblich ist. Steht es im Plural?
▶ SCHÜLERBUCH, S. 22, S. 41, S. 81, S. 100, S. 130

**el** grupo
**la** tele
**los** problema**s**
poco**s** deber**es**
esta**s** peli**s**
mi**s** amigo**s**
nuest**ras** habitacion**es**

Ist das Adjektiv an das Substantiv angeglichen? ▶ SCHÜLERBUCH, S. 41

el vídeo divertid**o**
mi mochila favorit**a**
Mi habitación es pequeñ**a**.
Mis hermanos son aburrid**os**.

Stimmt die Verbform mit dem Subjekt überein? Sind die unregelmäßigen Verben richtig konjugiert? ▶ SCHÜLERBUCH, S. 182–184

El alumno hab**la** español.
Los alumnos hab**lan** español.
ser: [yo] soy, [tú] eres, [él] es, [nosotros] somos, [vosotros] sois, [ellos] son
estar: [yo] estoy, [tú] estás, [él] está, [nosotros] estamos, [vosotros] estáis, [ellos] están
tener: [yo] tengo, [tú] tienes, [él] tiene, [nosotros] tenemos, [vosotros] tenéis, [ellos] tienen
hacer: [yo] hago, [tú] haces, [él] hace, [nosotros] hacemos, [vosotros] hacéis, [ellos] hacen
ir: [yo] voy, [tú] vas, [él] va, [nosotros] vamos, [vosotros] vais, [ellos] van

Hast du an die Verschmelzung von Präposition und Artikel gedacht? ▶ SCHÜLERBUCH, S. 41, S. 59

Es el libro **del** profe.
Voy **al** cine.

Überprüfe, ob du *ser*, *estar* und *hay* richtig verwendet hast. ▸ SCHÜLERBUCH, S. 22, S. 41, S. 81

José **es** estudiante. **Es** de Vigo.
**Está** en Madrid. Hoy **está** enfermo.
En su piso **hay** dos habitaciones.

Hast du an die richtige Stellung der Adjektive gedacht? ▸ SCHÜLERBUCH, S. 41, S. 81

un jersey **verde**
una **buena** idea

Hast du an die Verkürzung mancher Adjektive vor Substantiven gedacht? ▸ SCHÜLERBUCH, S. 81, S. 130

un **buen** ejemplo
un **mal** día
el **tercer** piso

Ist die Wortstellung im Satz richtig? ▸ SCHÜLERBUCH, S. 22, S. 130

**No** hablo alemán.
Laura dice que su madre **se mete** en todo.
**No la** veo.

Werden die Objekte durch die richtigen Objektpronomen ersetzt? ▸ SCHÜLERBUCH, S. 81, S. 101

¿Conoces a **Sandra**? –Sí, **la** conozco. **Le** gusta bailar.
¿Has visto a Diego y Laura? –Sí, **las** vi ayer.

Hast du die richtige Vergangenheitsform verwendet? ▸ SCHÜLERBUCH, S. 115, S. 145

Ayer **fui** al cine.
Esta semana **he trabajado** mucho.

Hast du feststehende Wendungen richtig verwendet? ▸ SCHÜLERBUCH, S. 185–225, Para comunicarse

¿Cuántos años **tienes**? –**Tengo** 15 años.
**¿Jugas al** fútbol? –**Claro que sí.**
Eva tiene **los** ojos verdes.

# WIE BEREITE ICH MICH AUF DIE MÜNDLICHE PRÜFUNG VOR?

☐ Ich kümmere mich baldmöglichst um eine/n Gesprächspartner/in für den interaktiven Teil der Prüfung (die Partner- oder Gruppenprüfung).

☐ Ich vergewissere mich, dass ich die Lerninhalte der mündlichen Prüfung genau notiert habe (Aushang im Klassenzimmer!).

☐ Ich wiederhole und vertiefe alle Redemittel in den *Para comunicarse*-Kästen und im Vokabelverzeichnis in meinem Buch.

☐ Ich notiere alle Übungen, die wir zu Hause und im Unterricht zum Sprechen gemacht haben, und wiederhole diese.

☐ Hat mein Lehrer / meine Lehrerin spezielle Hefteinträge oder Kopiervorlagen zur mündlichen Prüfung erstellt/ verteilt? Wenn ja, lese ich sie mir aufmerksam durch, lerne wichtige Wendungen auswendig oder übe damit für die Prüfung.

☐ Übungen zum monologischen Teil (z. B. Bildbeschreibung) kann ich zu Hause gut vorbereiten (Bilder aussuchen – Notizen dazu machen – jemandem, z. B. meiner Mutter, unter „Prüfungsbedingungen" vortragen). Behalte dabei die Zeit im Auge! Kontrolliere dich, indem du dich aufnimmst und dir dann die Aufnahme anhörst. Überlege, was du noch verbessern kannst.

☐ Für den interaktiven Teil bespreche ich mit meinem/meiner Partner/in, welche Situationen und Gespräche auf Grund der vom Lehrer / von der Lehrerin angegebenen *Unidades* denkbar wären (Aushang im Klassenzimmer). Dabei vergesse ich nicht, dass auch bereits behandelte *Unidades* im Buch von Bedeutung sein können.

☐ Für die so erfassten „Schwerpunkte" wiederhole ich nochmals gewissenhaft den zugrunde gelegten Wortschatz und die wichtigen Grammatikinhalte.

☐ Ich treffe mich regelmäßig mit meinem/meiner Gesprächspartner/in und wir trainieren unsere Gespräche (Aufnahme mit Korrektur und erneuter Aufnahme).

☐ Wir bereiten gemeinsam einen sinnvollen „Einstieg" (Begrüßung, *beso* usw.) und „Ausstieg" (Verabschiedung, Lösung, Kompromiss) vor.

☐ Wir trainieren gegenseitige „Hilfestellungen" (*¿Estás buscando la palabra para…?*), Augenkontakt und gegenseitige Rücksichtnahme im Gespräch.

# ENCUENTROS 1

EDICIÓN 3000    MÉTODO DE ESPAÑOL

## Klassenarbeitstrainer / Schulaufgabentrainer

für Schülerinnen und Schüler
mit Lösungen und Lerntipps

## LÖSUNGEN

Cornelsen

# 1 BIENVENIDO A SALAMANCA

## KLASSENARBEIT A

### COMPRENDER EL TEXTO | LESEVERSTEHEN

**1**

| | V | F | No está |
|---|---|---|---|
| 1. Lucía y Ángel hablan alemán. | X | ☐ | ☐ |
| 2. … escuchan hip hop. | ☐ | X | ☐ |
| 3. … pasan mucho tiempo con los amigos. | ☐ | ☐ | X |
| 4. … comparten fotos en Internet. | ☐ | ☐ | X |
| 5. David es de Madrid. | ☐ | X | ☐ |
| 6. … estudia segundo de ESO. | ☐ | ☐ | X |
| 7. … lee cómics. | X | ☐ | ☐ |
| 8. Su música favorita es el pop y el hip hop. | X | ☐ | ☐ |

### GRAMÁTICA | GRAMMATIK

**2**   Tú – él – Ellas – Nosotros – Ella – tú – Yo – vosotros

**3**   ¿Cómo te llamas? – ¿Cómo se escribe «Folch»? – ¿De dónde eres? – ¿Qué lenguas hablas? – ¿Qué buscas?

**4**   2. ¿Eres de Alicante? –No, no soy de Alicante. Soy de Barcelona.
3. ¿Eres el vecino de Carmen? –No, no soy el vecino de Carmen. Soy el vecino de Paula.
4. ¿Hablas francés y vasco? –No, no hablo francés y vasco. Hablo catalán.
5. ¿Buscas la cafetería? –No, no busco la cafetería. Busco mi clase.
6. ¿Tu clase es la clase 2B? –No, no es la clase 2B. Es la clase 2A.

### VOCABULARIO | WORTSCHATZ

**5** **a** 1. el profesor – 2. el cuaderno – 3. el lápiz – 4. el libro – 5. la goma – 6. el boli – 7. el estuche – 8. el alumno – 9. la mochila – 10. la alumna – 11. el sacapuntas – 12. la profesora – 13. la pizarra – 14. las tijeras

**b** 2. la mochila de Paula → las mochilas de Paula y Ana
3. la foto de Barcelona → las fotos de Barcelona
4. el boli de Paula → los bolis de Paula
5. el libro de Historia → los libros de Historia
6. la catedral → las catedrales
7. el profesor de Paula → los profesores de Paula y Ana

### EXPRESIÓN ESCRITA | TEXTPRODUKTION

**6**   Lösungsvorschlag:
**Amanda**: ¿Qué tal?
**David**: Bien. ¿Y tú?
**Amanda**: Uf… más o menos. Es el primer día de clase. ¿Cómo te llamas?
**David**: Me llamo David.
**Amanda**: Eres nuevo en el instituto, ¿verdad?
**David**: Sí, soy nuevo. Busco la clase 2A.
**Amanda**: ¿La clase 2A? Es mi clase. Mira… esta es la cafetería y esta es el aula de la clase 2A.
**David**: Gracias.

**Amanda**: Oye, no eres de aquí, ¿verdad?

**David**: No, (no soy de aquí,) soy de Barcelona, pero ahora vivo aquí, en Madrid.

**Amanda**: ¿Y te gusta la ciudad?

**David**: Madrid es fenomenal, siempre tomo fotos para los amigos de Barcelona.

**Amanda**: Yo también tomo muchas fotos… Ah, ya es hora de la clase de Inglés.

**David**: Oye, Amanda, ¿tomamos algo en la cafetería en el recreo?

**Amanda**: Bueno… ¿Preparamos los deberes de Inglés y charlamos un poco?

**David**: Sí. ¡Hasta luego!

# KLASSENARBEIT B

## ORTOGRAFÍA | RECHTSCHREIBUNG

🎧2 **1** **a** 1. bienvenido – 2. el vídeo – 3. la vecina – 4. bueno – 5. el nuevo – 6. la verdad – 7. las vacaciones – 8. vivir – 9. buscar

🎧3 **b** 1. ¿cómo? – 2. ¿qué? – 3. ¿quién? – 4. la catedral – 5. la casa – 6. ¿quiénes?

## COMPRENSIÓN ORAL | HÖRVERSTEHEN

🎧4 En la Plaza Mayor

Hoy los chicos quedan en la Plaza Mayor y charlan un rato.

**Daniel**: ¡Hola, Ana! ¿Qué tal?

**Ana**: ¡Hola, Daniel! Muy bien. ¿Y tú?

**Daniel**: Más o menos… Mañana es el primer día de clase, uf.

**Ana**: Bueno… Pero hoy todavía son vacaciones, ¿no?

**Daniel**: Vale. Mira, esta es Alicia, es mi vecina. Es nueva en Salamanca.

**Alicia**: ¡Hola!

**Ana**: ¡Hola, Alicia! Bienvenida a Salamanca. ¿De dónde eres?

**Alicia**: Soy de Bilbao, pero ahora vivo aquí.

**Ana**: ¿De Bilbao? Entonces hablas vasco, ¿verdad?

**Alicia**: Sí, pero sólo un poco. Mi madre no es de allí. Pero hablo inglés y un poco de francés. Y tú, ¿qué lenguas hablas?

**Ana**: Uy… hablo un poco de inglés y, claro, español.

**Daniel**: ¿Y qué tal Bilbao?

**Alicia**: Bilbao es genial, pero Salamanca también, ¿no?

**Daniel y Ana**: ¡Claro!

**2** 1. a – 2. a – 3. b – 4. a, b

## GRAMÁTICA | GRAMMATIK

**3** **a** 1. Diego y yo somos vecinos.

2. Diego y Roberto charlan en la Plaza Mayor.

3. Los chicos son todos alumnos del instituto Lucía de Medrano.

4. ¿Roberto y tú tomáis algo en la cafetería con nosotros?

5. Laura es la vecina de Diego.

6. Yo busco mi libro de Historia.

7. Tú lees cómics, ¿verdad?

**b** pasan – leen – hablan – recibe – Es – contestas – contesto – preparamos – buscamos – comprendo – preparáis – escribís

## PARA COMUNICARSE | REDEMITTEL

**4**  1. ¡Hola! / Buenos días. ¿Qué tal? – 2. ¿Cómo te llamas? – 3. ¿De dónde eres? – 4. Me llamo (Diego) y soy de (Bogotá). – 5. Este es Leon. Esta es Celina. – 6. ¿Qué significa…? – 7. Gracias. – 8. ¡Adiós! / ¡Hasta pronto!

## MEDIACIÓN | SPRACHMITTLUNG

**5**  Lösungsvorschlag:

In Madrid kann man den Platz *Puerta del Sol* besichtigen, der das Zentrum der Stadt ist. Dann gibt es den Königspalast und das Prado-Museum. Und auch der Park *El Retiro* ist ganz schön. In der Stadt gibt es einen Markt, den *El Rastro*, und viele Theater und Kinos. Bestimmt kennt ihr ja den Fußballverein Real Madrid. Für die Stadt sind außerdem die Mode, die Geschäfte und die Leute, also die Madrider und die Touristen, bezeichnend.

## EXPRESIÓN ESCRITA | TEXTPRODUKTION

**6**  Erwartungshorizont:

Hoy es el primer día de clase y, como siempre, los alumnos charlan en el patio. Elena es nueva y todavía no charla con ellos. Estudia segundo de ESO y busca la clase 2C.

La profesora de Religión se llama Isabel.

**Isabel**: Bienvenidos, chicos. Esta es Elena. Es nueva en Salamanca.

**Elena**: ¡Hola!

**Alumna**: ¿De dónde eres?

**Elena**: Soy de Alicante.

Isabel habla y habla, pero los alumnos no escuchan. Para ellos todavía son las vacaciones y charlan mucho.

**Isabel**: ¡Todavía no es el recreo!

En la clase de Historia, los alumnos buscan información en Internet y todos leen páginas y páginas. ¿Todos? No. Elena no lee, ella mira vídeos en Internet.

De repente, Elena recibe un mensaje. Es de Luis. Luis escribe: «¡Hola, Elena! Soy tu vecino de la clase de Religión. ¿Tomamos algo en la cafetería en el recreo?»

# 2 MI MUNDO

## KLASSENARBEIT A

**1**

| | V | F | No está |
|---|---|---|---|
| 1. Los abuelos de Diego todavía viven en Bogotá. | X | | |
| 2. Diego prefiere tener una habitación compartida. | | X | |
| 3. En el piso de Diego hay tres dormitorios, una cocina, un comedor pequeño y un salón grande. | | X | |
| 4. A veces Diego tiene problemas con sus hermanas. | | | X |
| 5. Diego ve la tele a todo volumen mientras sus hermanas preparan los deberes. | | X | |
| 6. El instituto en Salamanca es regular. | X | | |
| 7. Roberto es muy bueno en Inglés. | | | X |
| 8. Laura es salmantina. | | X | |
| 9. El padre de Laura todavía vive en Barcelona. | X | | |

### VOCABULARIO | WORTSCHATZ

**2 a** el hermano Daniel – la madre Úrsula – el padre Mariano – la abuela Pilar – la prima Ana – el tío Esteban – la tía Marisa

**b** Este es mi hermano. Se llama Daniel. Estos son mis padres. Se llaman Mariano y Úrsula. Esta es mi abuela. Se llama Pilar. Mi abuelo se llama José. Este es mi tío Esteban. Y esta es mi tía Marisa con su hija Ana, mi prima.

**3** **Roberto:** ¿Cuál es tu número de teléfono?
**Diego:** Es el dieciocho, trece, dieciséis, once.

### GRAMÁTICA | GRAMMATIK

**4** **Erwartungshorizont:** En la habitación de Tomás hay una ventana. Delante de la ventana está el escritorio. Encima del escritorio hay una lámpara y cinco DVD. Debajo del escritorio está la mochila de Tomás. Hay un sofá-cama. A la derecha del sofá-cama hay una mesa con una lámpara. Delante del sofá-cama hay una mesa. Encima de la mesa está la televisión. A la izquierda del sofá-cama hay una estantería. Detrás de la estantería está la guitarra de Tomás. En las paredes hay pósteres de estrellas de rap.

**5** Es – tiene – están – es – está – Es – tiene – están – son – Son – son – ser

**6** pequeña – fenomenal – bonitas – grandes – Sus – interesantes – aburrida – nuevos – divertidas – buenos – Nuestros – favoritos – Nuestra – favorita – vuestras – vuestros

### MEDIACIÓN | SPRACHMITTLUNG

**7** **Erwartungshorizont:** Virginia hat drei Geschwister. Normalerweise sind alle in ihren eigenen Zimmern. Virginia selbst ist sehr ordentlich und findet ihr Zimmer sehr schön. Aber die Geschwister wollen immer in ihrem Zimmer fernsehen. Dann richten sie mit ihrer Schokolade, Papieren und Comics ein Chaos an. Virginia möchte einen Tipp bekommen, was sie dagegen unternehmen kann.

## EXPRESIÓN ESCRITA | TEXTPRODUKTION

**8** **Erwartungshorizont:** Mi mejor amigo se llama Brian. Tiene 14 años y vive con su padre en Berlín, en Rudow. Tiene un hermano pequeño. Él tiene once años y se llama Roy. Los dos comparten habitación y a veces tienen problemas: Brian quiere escuchar música y estar solo en la habitación, pero su hermano pequeño también quiere estar allí o es demasiado curioso. A veces Roy esconde las cosas de Brian. Brian es un chico muy divertido y un amigo genial. Escucha música pop y rap. Su cantante favorita es Lady Gaga. Y toca bastante bien el piano. Los dos pasamos mucho tiempo en Internet. Hablamos en el chat con nuestros amigos, miramos vídeos y escuchamos música… También quedamos para hacer deporte o hacer los deberes juntos. Siempre compartimos todo y hablamos de todo: los amigos, las fiestas, el instituto, los profesores, los problemas con los hermanos…

# KLASSENARBEIT B

## PRONUNCIACIÓN | AUSSPRACHE

**1 a**

| Betonung auf der vorletzten Silbe | Betonung auf der letzten Silbe |
|---|---|
| piso | edad |
| suerte | ordenador |
| veces | catedral |
| visita | preferir |

🎧5 **b** s. **1a**

## COMPRENSIÓN ORAL | HÖRVERSTEHEN

🎧6 Hola, soy Lourdes. Soy de Madrid, pero ahora vivo en Salamanca. Me gusta mucho mi nueva habitación en Salamanca. Es grande y tengo mi espacio, pero nunca encuentro mis cosas. ¡Nunca están en su lugar! Mi mochila está debajo de la cama. Y el ordenador está enfrente de la estantería. Mi gorra favorita está detrás de la puerta. El DVD de Haze está en el armario y mi móvil está encima de la silla. Ahora quiero hacer los deberes y busco el libro de Historia. A ver, ¿dónde está este libro? ¿Debajo de la mesa? No. ¿Encima de la mesa? No. ¿Encima de la cama? No. Hm… no está. Uf… yo también prefiero una habitación limpia y ordenada, pero ¿cómo voy a ordenar este caos?

🎧6 **2 a** [X] mochila    [ ] libro    [X] ordenador    [X] móvil
[ ] estuche    [X] DVD    [X] gorra    [ ] cómics

---

**VOCABULARIO | WORTSCHATZ**

**3**
1. dieciocho, diecisiete, dieciséis, quince, catorce, trece, doce, once, diez, ocho, seis, cinco, cuatro
2. ¿Estás en mi habitación?
3. ¿Estás debajo de la cama?
4. ¿Estás en el armario?
5. ¿Estás en el cuarto de baño?
6. ¿Estás en el salón?
7. ¿Estás en el comedor?
8. ¡Estás en la cocina!

---

**GRAMÁTICA | GRAMMATIK**

**4** **a** 2. Escucho a mi amiga Vega.
3. Mando un SMS a Lourdes.
4. Leo su libro favorito.
5. Busco un regalo para ella.
6. Lourdes y yo escuchamos juntos su música favorita.
7. Quedamos en el cine para ver una peli divertida.
8. Después, le escribo e-mails divertidos.
9. Le escribo también: Quiero pasar más tiempo contigo.

**b** Busco a – está – Piensas – ves – tiene – vemos – hacer – haces – Quiero – quedáis

**5**
2. Su habitación es muy/bastante pequeña.
3. Su armario es muy/bastante grande.
4. Sus pósteres son muy/bastante interesantes.
5. Su mochila es muy/bastante nueva.
6. Sus deberes son muy/bastante fáciles.
7. Sus amigos son muy/bastante simpáticos.
8. Su fiesta es muy/bastante divertida.

**6** 1. nuestras – Vuestras – sus
2. nuestros – Vuestros – sus
3. nuestro – Vuestro – su

---

## MEDIACIÓN | SPRACHMITTLUNG

**7** Alter: 15
Herkunft: Madrid
Sprachen: Spanisch, ein bisschen Englisch und Deutsch
Wohnort: Salamanca
Hobbys: Freunde treffen, Musik hören

Lourdes' Fragen:
– Spricht Familie Kraus auch ein bisschen Englisch?
– Wie ist die Wohnung von Familie Kraus?
– Was braucht Lourdes für die Zeit in Deutschland?

Was Lourdes sonst noch erzählt:
– Ihre Großeltern leben noch in Madrid.
– Ihre Mutter und sie wohnen in einer Wohngemeinschaft mit einer Geschichtslehrerin und ihrer Tochter.
– Salamanca ist eine schöne Stadt mit vielen Sehenswürdigkeiten, großen Parks und netten Leuten. Leon soll sie in den Oktoberferien in Salamanca besuchen kommen.
– Nach der Schule macht sie erst Hausaufgaben und trifft sich dann mit Freunden.
– Ihr Lieblingssänger ist Haze.
– Sie freut sich auf Deutschland.

---

## EXPRESIÓN ESCRITA | TEXTPRODUKTION

**8** **Erwartungshorizont:** Haze es de Sevilla, una ciudad española. Su nombre es Sergio López Sanz. Tiene 28 años. Por el momento no tiene novia y tampoco hijos. Canta y escribe canciones, también para películas. También hace charlas para alumnos con problemas. Su música es una mezcla de rap y hiphop con elementos de flamenco. Algunos de sus cedés son «Doctor Haze», «3RD round» y «El precio de la fama». Sus estrellas del deporte son Rafael Nadal, Lionel Messi y Cristiano Ronaldo. Sus pasatiempos favoritos son rapear, leer o ver la tele.

# 3 ¿QUÉ HORA ES?

## KLASSENARBEIT A

### COMPRENDER EL TEXTO | LESEVERSTEHEN

**1 a**

|  | V | F | No está |
|---|---|---|---|
| 1. Es un día de la semana. | ☐ | X | ☐ |
| 2. La familia quiere hacer algo todos juntos. | X | ☐ | ☐ |
| 3. No saben qué hacer. | ☐ | X | ☐ |
| 4. Adrián no puede esconder nada de Alba. | X | ☐ | ☐ |
| 5. Roberto sueña con Cristina. | ☐ | ☐ | X |

**b** ☐1 El fin de semana la familia de Roberto quiere hacer algo todos juntos, pero todos quieren hacer algo diferente. ☐2 Alba quiere ir al cine, pero la película empieza en un cuarto de hora. ☐3 El padre quiere visitar Toledo, pero son tres horas en coche. ☐4 Adrián prefiere estar en casa y ver su DVD nuevo con su novia. ☐5 La madre quiere tomar algo en la Plaza Mayor. ☐6 Después quiere ver las fotos de Bogotá en el centro cultural. ☐7 De repente llama Diego. ☐8 Quiere quedar con Roberto mañana para hacer *karting*. ☐9 Roberto tiene ganas de ir, pero tiene dos problemas: no tiene dinero y mañana por la tarde tiene que ir a casa de los abuelos. ☐10 Al final Roberto sí puede ir porque Diego tiene dinero para los dos y la familia de Roberto está con los abuelos por la mañana, no por la tarde.

### VOCABULARIO | WORTSCHATZ

**2**
2. El cumpleaños de Shakira es el 2 de febrero de 1977.
3. El cumpleaños de Lionel Messi es el 24 de junio de 1987.
4. El cumpleaños de Juanes es el 9 de agosto de 1972.
5. El cumpleaños de Selena Gómez es el 22 de julio de 1992.
6. El cumpleaños de de Penélope Cruz es el 28 de abril de 1974.
7. El cumpleaños de David Villa es el 3 de diciembre de 1981.

### GRAMÁTICA | GRAMMATIK

**3 a**
1. Es la una y cuarto de la mañana.
2. Son las ocho y media de la mañana.
3. Son las once menos cuarto de la mañana.
4. Son las cuatro y cuarto de la tarde.
5. Son las seis menos diez de la tarde.
6. Son las nueve menos siete de la tarde/noche.

**b**
1. ¿A qué hora se van a Toledo Selena y Cristina? –Selena y Cristina se van a Toledo a las cuatro y cuarto de la tarde.
2. ¿A qué hora te vas a Madrid? –Me voy a Madrid a las once menos cuarto.
3. ¿A qué hora llegan de Segovia David y Julia? –David y Julia llegan de Segovia a las seis menos diez de la tarde.
4. ¿A qué hora os vais a Cuenca? –Nos vamos a Cuenca a la una y cuarto del mediodía / de la tarde.
5. ¿A qué hora llegáis de Manzanares? –Llegamos de Manzanares a las ocho y media de la mañana.

**4**
podemos (1) – puedo (2) – vuelven (3) – puedes (4) – puede (5) – cuenta (6) – pueden (7) – Vuelve (8) – puedes (9) – puedes (10)

### MEDIACIÓN | SPRACHMITTLUNG

**5** Erwartungshorizont:

1. Ja, indem man links in der Seitenleiste auf „Fotos" klickt.
2. Ja, links in der Seitenleiste gibt es den Link „aparcar gratis".
3. El Puente de Alcántara, las murallas romanas, la Puerta del Sol, la Catedral, el Alcázar, la Mezquita del Cristo de la Luz, la Sinagoga de Santa María la Blanca, el Museo de El Greco
4. Die Kathedrale, die Moschee usw. sind vom 1. April bis zum 30. September von 10–18:45 Uhr und vom 1. Oktober bis zum 30. April von 10–17:45 Uhr geöffnet. (Die Brücke, Mauern und Tore kann man immer ansehen.)
5. El mazapán (Marzipan).
6. Ja, für Smartphones gibt es die Applikation eToledo mit geschichtlichen Informationen und Fotos.

### EXPRESIÓN ESCRITA | TEXTPRODUKTION

**6** Erwartungshorizont:

Mi día ideal

No me despierto temprano porque no voy al instituto. A las nueve todavía duermo. A las diez me despierto, pero primero leo un poco o escucho la radio. Me levanto a las once y media y me ducho. Después tomo algo y llamo a mi mejor amigo. Quedamos en el parque para hacer deporte a las dos de la tarde. Voy en bici al parque y juego al fútbol con mi amigo. A las cuatro vuelvo a casa y me ducho. A las cinco quedo con una amiga en su casa. Charlamos un poco, miramos páginas en Internet y escuchamos nuestra música favorita. A las siete vamos al centro y allí vemos a mi amigo [*Name*]. ¡Qué sorpresa! Tomamos algo juntos y vamos al cine para ver una película divertida. Vuelvo a casa a las diez de la noche. Veo un poco la tele porque todavía no puedo dormir y al final me acuesto a las once. Sueño con mi estrella favorita.

# KLASSENARBEIT B

### COMPRENSIÓN ORAL | HÖRVERSTEHEN

🎧7 Por fin llega el fin de semana. Pero Diego está solo en casa porque sus amigos hoy no tienen tiempo. ¡Qué aburrido!, piensa él y echa de menos a sus amigos de Bogotá. Ya son las siete de la tarde, entonces puede llamar por Internet a su amigo Carlitos y hablar con él en el chat.

**Carlitos**: ¡Hola, parcero! ¿Qué tal?

**Diego**: Hola, Carlitos. ¡Qué suerte que estás! Hoy todo es aburrido… Mis amigos del instituto no tienen tiempo para hacer nada. Y tú, ¿qué tal?

**Carlitos**: Bien, bien… Oye, no tengo mucho tiempo ahora, tengo que ir al centro comercial con mi papá. ¿Por qué no ves vídeos divertidos en Internet? Te mando uno muy bueno.

**Diego**: ¿Ver vídeos en Internet? Uf… no tengo ganas.

**Carlitos**: También puedes hacer un poco de deporte.

**Diego**: ¿Deporte? ¿Yo? ¿No te acuerdas? No soy nada deportista.

**Carlitos**: Bueno… es verdad. Mejor que no. Hm… ¿Y por qué no vas al cine? Seguro que ponen pelis buenas ahora.

**Diego**: ¿Al cine? Pero estoy solo.

**Carlitos**: ¿No puedes ir con una de tus hermanas?

**Diego**: No están. Creo que vuelven a las diez.

**Carlitos**: Uf… entonces es un poco difícil. ¿Y no quieres leer un poco o escuchar música?

**Diego**: Bueno…

**Carlitos**: Oye, tengo que terminar ahora. Mi papá ya me está esperando. Hasta pronto, parcero.

**Diego**: Bueno, chao.

Diego está en su habitación y piensa: ¿qué puedo hacer? Al final tiene una idea. Busca una página en Internet y lee: «hoy hay un concierto de rock en el centro cultural. Empieza a las ocho.» Entonces tiene sólo veinte minutos para llegar. Diego va al centro cultural y, ¡qué suerte!, allí ve a Soledad, una amiga del instituto.

**Diego**: Eh, Soledad…

 **1** **a**

| | | |
|---|---|---|
| 1. | escuchar música | X |
| 2. | leer | X |
| 3. | ver vídeos en Internet | X |
| 4. | ir al cine | X |
| 5. | ir al la bolera | ☐ |
| 6. | jugar la guitarra | ☐ |
| 7. | ir al café | ☐ |
| 8. | ir al centro comercial | X |
| 9. | ir a un concierto | X |
| 10. | hacer los deberes | ☐ |

**b** 1a – 2c – 3b – 4a – 5b – 6c

## VOCABULARIO | WORTSCHATZ

**2** 2. alegre – 3. deportista – 4. curioso – 5. tímido – 6. tranquilo – 7. egoísta – 8. gracioso – 9. simpático

**3** Lösungsvorschläge:

2. ¿Vamos al cine? –¡Sí, claro! / Claro que sí.

3. ¿Vamos a la librería? –No puedo porque tengo que volver a casa.

4. ¿Vamos al parque? –¿Al parque? ¡Paso!

5. ¿Vamos al estadio de fútbol? –¿Hoy? Vale.

6. ¿Vamos a la Plaza Mayor? –No, yo no voy con vosotros / contigo porque hay fiesta en el centro cultural.

## GRAMÁTICA | GRAMMATIK

**4** cuentas – te levantas – Me despierto – me levanto – nos vamos – vuelves – Vuelvo – hago – me quedo – te acuestas – me acuesto – se acuesta – os levantáis – me despierto – se despiertan – se duchan – me ducho – te vas

**5** 1. ¿Por qué siempre vuelves tarde del instituto? –Porque tengo que estudiar con los amigos.

2. ¿Por qué nunca nos cuentas a nosotros tu día en el instituto? –Porque no tengo ganas.

3. ¿Por qué no te vas al centro comercial con tu madre? –Porque siempre va con Alba.

4. ¿Por qué no duermes la siesta hoy? –Porque espero visita de mis amigos.

5. ¿Por qué no empiezas a hacer los deberes ahora? –Porque no me acuerdo de dónde está mi mochila.

6. ¿Por qué pones esa cara? –Porque quiero ver la tele ahora.

## MEDIACIÓN | SPRACHMITTLUNG

**6** 1. 4 Eier, 1/2 kg Kartoffeln, Olivenöl, ein bisschen Salz

2. Für drei Personen.

3. Auf der einen Seite zwölf Minuten, auf der zweiten Seite zehn Minuten.

**EXPRESIÓN ESCRITA | TEXTPRODUKTION**

**7** Erwartungshorizont:

Son las 9:40.

**Pablo**: ¡Hola, parcero! ¿Qué tal?

**Carlitos**: Uf… fatal. Mañana es la fiesta del quince de Sandra y todavía no tengo un regalo.

**Pablo**: ¿Su fiesta ya es mañana? Uf. Yo también necesito un regalo para ella.

**Carlitos**: Entonces… ¿por qué no quedamos para buscar algo juntos?

**Pablo**: Bueno… ¿Vamos ahora?

**Carlitos**: Ahora no puedo porque tengo que ir al concierto de mi hermana en el colegio. Empieza en veinte minutos.

**Pablo**: ¿Y a las doce y media?

**Carlitos**: No, no puedo porque quiero ver mi serie de televisión favorita. ¿Qué tal a la una y media?

**Pablo**: Hm… A las dos y media quedo con mi banda para ensayar. Tenemos un concierto pronto. Entonces no tenemos mucho tiempo. Y a las seis tengo que preparar la cena con mi hermano. Preparamos arepas.

**Carlitos**: A las cuatro tengo que ir al entrenamiento de fútbol y no puedo faltar. Bueno, entonces no veo mi serie de televisión y quedamos a las doce y media en tu casa, ¿vale?

**Pablo**: ¡Bacano! Hasta luego.

**Carlitos**: Hasta pronto.

# 4 MI VIDA DE CADA DÍA

## KLASSENARBEIT A

### COMPRENDER EL TEXTO | LESEVERSTEHEN

**1 a**

**b**

|  | V | F | No está |
|---|---|---|---|
| 1. Es jueves. |  | X |  |
| 2. A Sandra le gusta Lengua. |  | X |  |
| 3. Hoy tiene un examen en la clase de Lengua. | X |  |  |
| 4. Sandra quiere sacar una muy buena nota en Lengua. |  | X |  |
| 5. A Sandra no le gustan las Matemáticas. | X |  |  |
| 6. Sandra tiene que hacer los deberes de Matemáticas. | X |  |  |
| 7. Sandra tiene un muy buen profe de Inglés. |  |  | X |
| 8. Sandra juega muy bien al voleibol. | X |  |  |
| 9. En el desayuno, Sandra come mucho. |  | X |  |
| 10. Hoy los padres de Sandra no están. |  |  | X |
| 11. Sandra llega tarde a la clase de Lengua. | X |  |  |
| 12. Sandra todavía está dormida y todo es una pesadilla. | X |  |  |

### VOCABULARIO | WORTSCHATZ

**2** individuelle Lösungen (siehe Schulfächer, Schülerbuch, S. 203)

**3 a**

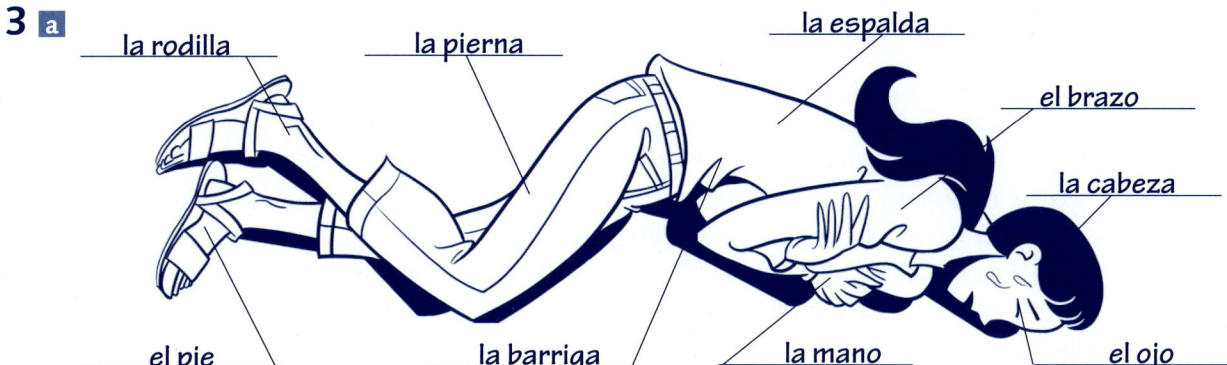

la rodilla — la pierna — la espalda — el brazo — la cabeza — el pie — la barriga — la mano — el ojo

**b** A Sandra le <u>duele</u> la cabeza – la espalda – la barriga – el brazo – la pierna – el ojo – la mano – la rodilla – el pie.

A Sandra le <u>duelen</u> las piernas – los ojos – las manos – las rodillas – los pies – los brazos.

## GRAMÁTICA | GRAMMATIK

**4** **a** 1. Sandra no sabe/<u>puede</u> escribir un SMS a Diego.

2. Carlitos <u>sabe</u>/puede tocar la guitarra muy bien.

3. La amiga de Sandra no sabe/<u>puede</u> bailar.

4. Diego <u>sabe</u>/puede dibujar muy bien.

5. Sandra no <u>sabe</u>/puede cantar.

6. La abuela de Sandra no puede/<u>sabe</u> usar el móvil.

**b** 1. podemos – juego

2. Puedes – puedo – salgo

3. jugáis – podemos – nos morimos – juegas

4. Sabéis – podemos – sabemos

5. doy – puedo

**5** **Sal** al patio.

**Levántate**.

**Vete** al instituto.

**Lee** el texto.

**Estudia** para el examen.

**Escribe** los resultados en tu cuaderno.

**Pon** atención.

**Ten** cuidado con la puerta.

**6** buenas – mal – poco – buenas – mal – muchas – muchos – buena

**7** A Carlitos le gusta tocar la guitarra.

A Sandra le gusta jugar al voleibol.

A mí me gusta ir en bici.

A nosotros nos gusta correr.

A David y Javier les gusta leer libros.

A ti te gusta esquiar.

A vosotros os gustan los perros.

## EXPRESIÓN ESCRITA | TEXTPRODUKTION

**8** **Erwartungshorizont:** La clase de Sandra pasa un fin de semana en el parque natural Chingaza. A las seis de la tarde el bus llega por fin. Los chicos ya se mueren de hambre y quieren cenar. Pero primero tienen que montar las tiendas de campaña. Después, todos preparan la cena juntos. Después de la cena, los chicos charlan y cuentan chistes. Carlitos toca la guitarra y los chicos cantan a todo volumen. ¡Vaya caos!

El sábado el desayuno es a las ocho, pero Carlitos duerme todavía. Sandra despierta a Carlitos: «Carlitos, ¿qué te pasa? Son las ocho y media. Todos te esperamos.» Carlitos contesta: «Uf… me duele la espalda y tengo dolor de cabeza…» Sandra mira al chico: «¡Qué va! ¡Levántate ya! Vamos en bici a la montaña.» Al final Carlitos se levanta, pero no habla mucho durante el día. Él piensa: «cantar por la noche es genial, pero dormir en una tienda de campaña es agotador.»

# KLASSENARBEIT B

## COMPRENSIÓN ORAL | HÖRVERSTEHEN

8

**Locutor**: Buenos días, queridos oyentes. Son las 16:30. Bienvenidos a nuestro programa «Jóvenes en la radio» con entrevistas, música y mucho más… Hoy hablamos de la vida en el instituto. Conmigo en el estudio está Jaume, de Barcelona. Bienvenido, Jaume, y gracias por venir a nuestros estudios hoy.

**Jaume**: Hola.

**Locutor**: Jaume tiene 14 años y estudia Segundo de ESO en el Instituto Ramón y Cajal de Barcelona. Jaume, cuéntanos un poco de tu instituto.

**Jaume**: Bueno, mi instituto es muy grande, pero eso me gusta. Es para todos, desde los pequeños hasta el bachillerato. Tenemos clase de lunes a viernes desde las ocho de la mañana hasta las cinco y cinco de la tarde. Al mediodía, la comida es desde las dos y veinte hasta las tres y veinte. Tenemos un comedor y todos comemos allí.

**Locutor**: ¿Y cuáles son tus asignaturas favoritas?

**Jaume**: ¿Mis asignaturas favoritas? Hm… Naturales y Música porque siempre saco buenas notas. En Naturales tengo un nueve y en Música un diez. También me gusta Informática porque aprendemos a escribir en wikis y a fabricar nuestros propios vídeos. Además el profe es superbueno. Podemos ver vídeos para escuchar las explicaciones de manera individual si lo necesitamos. Así todos podemos aprender a nuestro ritmo.

**Locutor**: ¿En tu instituto también hay actividades especiales?

**Jaume**: Sí. Podemos hacer karate, yoga, aeróbic, danza española, baloncesto y muchas otras cosas. También ofrecen clases de guitarra española o piano, pero yo sólo juego al fútbol.

**Locutor**: Gracias, Jaume. Ahora recibimos una llamada de Saúl. ¡Hola, Saúl! ¿De dónde nos llamas?

**Saúl**: ¡Hola! Soy Saúl, de México. Tengo quince años. Estoy de vacaciones en Madrid porque mi madre es española.

**Locutor**: ¿Y qué tal tu instituto en México?

**Saúl**: Su programa es bastante interesante porque mi vida en la escuela es un poco diferente. Mis clases empiezan a las siete de la mañana y terminan a las tres de la tarde. Para llegar, voy media hora en microbús. Por eso me levanto cada día a las cinco y media de la mañana. Los profesores son muy estrictos y nos ponen muchos deberes. Pero así aprendemos más. Para sacar sobresalientes, aprendo mucho de memoria. Me ayuda mucho, sobre todo en Naturales.

**Locutor**: ¿Y qué asignaturas te gustan?

**Saúl**: Hm, no sé. Tal vez Matemáticas, la profe es maja y sabe explicar muy bien.

**Locutor**: ¿Y cómo son las notas en México?

**Saúl**: También tenemos notas de cero a diez, pero para aprobar necesitas un seis. Mi madre dice que en España sólo necesitas un cinco para sacar un aprobado.

**Locutor**: Sí, es verdad. Y un seis en España ya es un bien. Ya no tenemos mucho tiempo. Ahora, Saúl y Jaume, tenéis treinta segundos para decir qué es lo mejor en vuestro instituto.

**Saúl**: ¿Lo mejor? Creo que lo mejor son las vacaciones.

**Jaume**: Lo mejor en mi instituto son los nuevos laboratorios y las salas de ordenadores. Y ¡claro!, mis compañeros. Saludos a todos los que me escuchan. ¡¡¡Somos el mejor equipo de fútbol de todos los institutos en Barcelona!!!

**Locutor**: Queridos oyentes, esto es todo por hoy en el programa «Jóvenes en la radio». Gracias a Jaume y a Saúl por participar hoy. Dentro de poco vais a escuchar las novedades más actuales sobre la vida de nuestras estrellas favoritas en el mundo del cine…

8 **1** a 1. Jaume – 2. Saúl – 3. Saúl – 4. Jaume – 5. Saúl – 6. Jaume – 7. Saúl – 8. Jaume – 9. Jaume – 10. Saúl

8 **b**

|  | JAUME | SAÚL |
|---|---|---|
| edad | 14 | 15 |
| tiene clase desde… hasta … | 8:00 – 17:05 | 7:00 – 15:00 |
| asignatura(s) favorita(s) | Naturales y Música | Matemáticas |
| lo mejor del instituto | los compañeros, los laboratorios, las salas de ordenadores | las vacaciones |

9 **Jaume:** ¿Mi día favorito? El viernes porque tengo dos horas de Educación Física. Empiezo a las ocho con Matemáticas. ¡Qué horror! No entiendo ni jota en la clase. Después tengo Inglés con Britney. Es una profe muy maja: es inglesa y siempre nos habla de la gente y de la música en Inglaterra. Después del recreo tengo primero Lengua y después Naturales. Y al final tengo dos horas de Educación Física con Pedro. Así la semana tiene un final feliz.

9 **2**

| HORA | DÍA: Viernes |
|---|---|
| 1 | Matemáticas |
| 2 | Inglés |
|  | *Recreo* |
| 3 | Lengua |
| 4 | Naturales |
|  | *Comida* |
| 5 | Educación Física |
| 6 | Educación Física |

## VOCABULARIO | WORTSCHATZ

**3**
| 8,5–10 | sobresaliente |
|---|---|
| 7–8,4 | notable |
| 6–6,9 | bien |
| 5–5,9 | aprobado |

**4**
2. Nosotros estamos felices/contentos porque tenemos un notable en el examen.
3. Elena y Marisol están nerviosas porque no tienen los deberes de Matemáticas.
4. Estás enfermo porque te duele mucho la cabeza.
5. Estoy feliz/contento porque tengo entradas para el cine.
6. Estáis hartos de Alba porque siempre hace muchas preguntas.

## GRAMÁTICA | GRAMMATIK

**5**
1. Hijo, ¿me llamas desde Bareira? –Sí, te llamo, mamá.
2. ¿Mandas una foto a tu tío con tu móvil? –Claro, le mando una foto.
3. ¿Escribes una postal a tus abuelos? –Bueno, les escribo una postal.
4. ¿Después nos cuentas todo? –No, no os cuento todo.

**6**
1. –Sí, nos gusta (ir a la bolera).
2. –Sí, me gustan mucho (las películas de Gael García Bernal).
3. –No, no le gusta (el nuevo cedé de Lady Gaga).
4. –Sí, a mí me gusta mucho (esquiar), pero a ellos no les gusta (esquiar).
5. –No, a mí no me gusta (el fútbol), pero a ella sí le gusta (el fútbol).
6. –A nosotras nos gustan (las gorras de los chicos), pero a él no le gustan.

## MEDIACIÓN | SPRACHMITTLUNG

**7**
1. Klettern, Bergsteigen, Rafting, Höhlenwanderungen, Tourenski, Eisklettern, Klettersteig gehen
2. In den Pyrenäen, in Guara, Cuenca, Madrid und Gredos.
3. Nein, dort steht jeweils „ab …€".
4. Ja, sie bieten 10% Rabatt. (Man bekommt ihn, wenn man den Flyer vorzeigt.)
5. Man kann dort anrufen oder sich auf der Webseite informieren.

## EXPRESIÓN ESCRITA | TEXTPRODUKTION

**8** Erwartungshorizont:
**Jaume:** Hola Sara, ¿qué tal?
**Sara:** Hola Jaume, fatal. Mañana tengo que escribir una redacción en Lengua y no es mi fuerte.
**Jaume:** Tranquila, no tienes que tener miedo de la redacción. En Lengua siempre puedes escribir algo, ¿no?
**Sara:** Hm… Para mí es muy difícil y no quiero sacar una mala nota.
**Jaume:** Entiendo, Lengua tampoco es mi fuerte. Prefiero Naturales porque siempre saco sobresalientes.
**Sara:** ¡Qué empollón eres! Las Naturales no me gustan a mí. En clase me aburro como una ostra y no entiendo ni jota. Mi asignatura favorita es Educación Física.
**Jaume:** A mí también me gusta porque me gusta jugar al fútbol. Mi equipo tiene un partido contra el Instituto Ramón Llull el miércoles. ¿Quieres venir?
**Sara:** Sí, ¿por qué no? Pero ahora tengo que preparar la redacción.
**Jaume:** Pero, ¿qué quieres preparar para la redacción?
**Sara:** Quiero leer las redacciones que hay en mi cuaderno y aprender de memoria algunas frases.
**Jaume:** Vale, es una buena idea. ¿Por qué no trabajamos juntos?

# 5 PADRES E HIJOS

## KLASSENARBEIT A

---

**COMPRENDER EL TEXTO | LESEVERSTEHEN**

**1** **a** 1. Carla – 2. / – 3. Carlos – 4. Marco – 5. Mariela

  **b** 1. h – 2. j – 3. e – 4. g – 5. b – 6. a – 7. i – 8. d – 9. f – 10. c

---

**VOCABULARIO | WORTSCHATZ**

**2** **a**

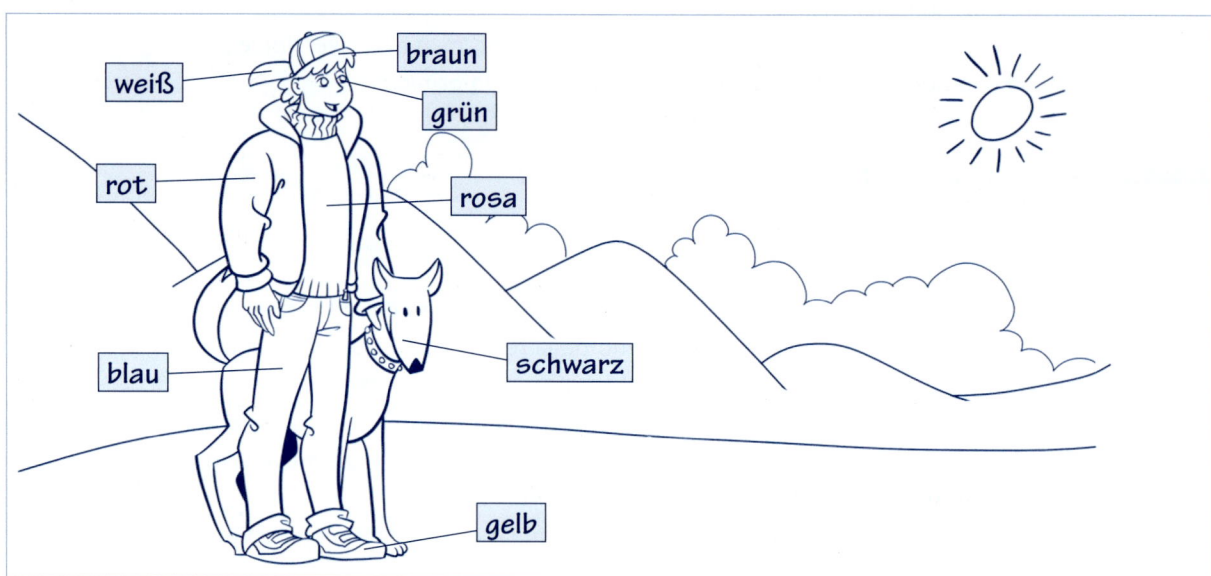

  **b** **Lösungsvorschlag:** La chica tiene el pelo largo y moreno y los ojos castaños. Lleva unas gafas blancas, una gorra rosa, una camiseta azul, una falda negra y unos zapatos rojos. Su jersey es verde y su cazadora es blanca. Su bici es de color rojo.

---

**GRAMÁTICA | GRAMMATIK**

**3** Vega está bailando. – Laura está hablando por teléfono. – Diego está viendo una peli. – Alba está leyendo un libro de terror. – Adrián está trabajando para el instituto. – Roberto está escribiendo un mensaje. – Carla está jugando con el ordenador. – El gato está comiendo la pizza.

**4** 1. No **la** conozco.
  2. Ah, sí, ahora **la** veo.
  3. No **te** entiendo.
  4. Claro que **te** ayudo. Aquí **lo** tienes.
  5. Vale, **las** llamo esta tarde.
  6. Sí, **los** escucho todo el tiempo. / Puedo buscar**lo** / **Lo** puedo buscar ahora mismo…

**5** 1. esas (1) – estas (2) – estas (3)
  2. Estos (1) – estos (2) – esos (3)
  3. esta (1) – esa (2) – esa (3)
  4. esta (1) – Esta (1) – esa (2)

**6**  2. Mi madre quiere saber/pregunta por qué ya no hablo con ellos.

3. Manuel dice/cuenta que tú llevas tres piercings en la cara.

4. Manuel dice/cuenta que tú siempre tienes problemas con los profes.

5. Sergio quiere saber/pregunta si salgo contigo.

6. Me dice que no soy la princesa de la casa.

7. Pienso que ya no los aguanto.

**7**  1. Qué – 2. que – 3. Qué – 4. Cuáles – 5. Qué, que – 6. Qué

## EXPRESIÓN ESCRITA | TEXTPRODUKTION

**8**  Erwartungshorizont:

Respuesta a Carla:

Yo tampoco puedo dormir cuando tengo muchas cosas que hacer o cuando tengo una bronca con alguien. También tengo este problema cuando acabo de estudiar o de ver una peli antes de acostarme. Ahí te va mi consejo. Yo siempre pienso en algo bonito cuando me acuesto: estoy con mis amigos en una playa, estamos jugando al fútbol o estamos tomando un helado, pues, lo estamos pasando muy bien. Así es fácil dormir porque ya no estoy nerviosa. Además ayuda hacer algo tranquilo antes de irte a dormir: ¿por qué no lees un libro aburrido o escuchas un poco de música clásica?

Luisa, 14 años y medio

# KLASSENARBEIT B

## COMPRENSIÓN ORAL | HÖRVERSTEHEN

 10

*rin… rin…*

**Padre**: ¿Diga?

**Javi**: Hola, ¿está Sara?

**Padre**: Sí, ¿de parte de quién?

**Javi**: Soy Javi, un amigo.

**Padre**: Un momento, ahora se pone.

**Padre**: Sara, es para ti. Es Javi.

**Sara**: Hola Javi, ¿qué tal estás?

**Javi**: Fatal. Tengo bronca con mi madre por la ropa. Dice que está vieja y rota. Y no le gusta nada mi gorra negra. Ahora tengo que comprarme un jersey y unos vaqueros nuevos. ¡Qué rollo! ¡No me gusta nada ir de compras! ¿Me ayudas y vienes conmigo?

**Sara**: Pues sí. ¿Quedamos a las once en la Plaza Mayor? Llamo también a Maribel.

**Javi**: ¡Qué bien! Hasta luego.

**Sara**: Bueno, hasta luego.

 10 **1** a C

11

**Sara**: Mira, Maribel. ¿Qué tal estos zapatos?

**Maribel**: ¿Cuáles? ¿Los negros? No están mal, pero prefiero las zapatillas blancas de al lado. Pero, mira el vestido azul. Es superbonito, ¿no? Creo que me lo pongo…

**Javi**: Chicas, no necesitamos zapatos ni zapatillas ni vestidos, busco unos vaqueros y un jersey.

**Maribel**: Mira, ahí hay vaqueros. ¿Cómo te gustan? ¿Estrechos o anchos, claros u oscuros?

**Javi**: Hm, no sé… los estrechos están de moda, ¿no? Creo que primero me pongo estos.

…

**Javi**: Uf, no me quedan bien, son demasiado estrechos. ¿También hay la talla 40?

**Sara**: Sí, te la llevo ahora mismo. Aquí los tienes.

**Javi**: Gracias… Creo que estos sí me quedan bien. (*sale del probador*) Mirad, ¿qué pensáis?

**Maribel**: Uy, ¡qué guay! Estos vaqueros molan mucho.

**Sara**: Sí, es verdad. Y sólo cuestan 25€.

**Javi**: Los compro.

**Sara**: Entonces a buscar un jersey… ¿No te gusta este? Creo que va muy bien con tu pelo moreno.

**Javi**: ¿Cuál? ¿El verde? No sé… Además es muy caro. Cuesta 35€. Sólo tengo 50€ para las dos prendas.

**Maribel**: Mira, aquí hay ofertas. ¿Quieres ponerte este jersey azul? Me gusta mucho. ¿O ese de ahí? ¿El de color rosa?

**Javi**: No sé… Juan tiene uno igualito.

**Sara**: ¿Juan tiene un jersey rosa? No creo.

**Javi**: Pero yo prefiero el otro.

**Maribel**: Entonces pruébatelo.

…

**Javi**: ¿Qué tal? ¿Os gusta?

**Sara**: Te queda muy bien.

**Javi**: ¿De verdad?

**Sara**: Sí. Además tienes suerte porque sólo cuesta 19€.

**Javi**: Uf, por fin tengo todo. Pero también tenéis suerte vosotras… Vamos a tomar un helado y ahora pago yo…

 10+11 **b** 1b – 2a – 3b – 4b – 5a – 6a – 7b – 8a – 9b – 10b

🎧12 **Chica 1**: Mira, ahí está Juan. ¡Qué guapo está hoy! Lleva unos vaqueros viejos, una camiseta roja y ancha, una chaqueta negra y zapatillas negras.

**Chica 2**: Y ahí viene Penélope. Lleva un vestido negro largo y unos zapatos muy elegantes.

**Chica 1**: Hombre, ¿ya has visto a Gabriel? Lleva unos pantalones estrechos y una camisa blanca de manga larga.

**Chica 2**: Por fin llega Enrique. Lleva unos vaqueros muy de moda, unas zapatillas blancas, un jersey verde y una gorra azul. ¡Mola mucho!

🎧12 **2**

## VOCABULARIO | WORTSCHATZ

**3**

la cazadora

la gorra

el jersey

las gafas

la camiseta

la chaqueta

la falda

los zapatos

las zapatillas

el vestido

la camisa

los vaqueros / los pantalones

## GRAMÁTICA | GRAMMATIK

**4** Cuáles – que – Qué – Cuál – Qué – Cuál

**5** **a** 1b – 2a, b – 3b – 4c – 5a, b – 6a, c – 7a, b – 8b, c

**b** los – la – te – Os – te – le – le – te

**6** conozco – nos llevamos – quiere – deja – se mete – se enfadan – discutimos – aguanto – digo – son

## MEDIACIÓN | SPRACHMITTLUNG

**7** 1. Dice que sabéis patinar superbién.
2. Pregunta si nos enseñáis el truco que acabáis de hacer.
3. Pregunta si tenéis ganas de tomar un helado.
4. Quiere saber / Pregunta si quedamos / podemos quedar mañana.
5. Dice que también tiene ganas de jugar al voley playa y que podemos hacerlo mañana.
6. Pregunta (si nos decís) dónde podemos comprar un balón.
7. Dice que mañana os podemos esperar aquí.

## EXPRESIÓN ESCRITA | TEXTPRODUKTION

**8** Erwartungshorizont:
**Marisol**: Hola, Tomás. ¿Qué estás haciendo?
**Tomás**: Hola, Marisol. Esta tarde voy a la fiesta de cumpleaños de Laura.
**Marisol**: ¿Quién es Laura? No la conozco. ¿Cómo es (la chica)?
**Tomás**: Es muy maja y graciosa. Es morena, tiene el pelo largo y no es muy alta.
**Tomás**: Oye, Marisol, ¿qué me pongo para la fiesta? Todos se disfrazan. ¿Me puedes ayudar?
**Marisol**: A ver, espera… Puedes disfrazarte de Lady Gaga. Mira, aquí tengo unos pantalones blancos y estrechos que acabo de comprar. Además, puedes llevar la peluca rubia de mamá.
**Tomás**: Gracias, pero creo que no es una buena idea. No sé si esto le gusta a Laura.
**Marisol**: Entiendo. ¿Por qué no te disfrazas de Ozzy Osbourne? Puedes llevar tus pantalones negros y la camisa ancha de manga larga de papá.
**Tomás**: Es verdad. Y también puedo llevar tus gafas de sol.
**Marisol**: Además conozco a alguien que tiene una peluca larga y negra. Creo que la puedes llevar. Y con un poco de maquillaje blanco…
**Tomás**: Gracias, Marisol. ¡Eres fenomenal! Así puedo ir…

# 6 COLOMBIA

## KLASSENARBEIT A

**1** **a** 1. Juanes nació en Colombia.

2. Empezó a tocar la guitarra a los siete años.

3. Su primer grupo fue un grupo de heavy metal.

4. Más tarde empezó una carrera de solista.

5. Luego dio conciertos en todo el mundo.

6. Para ayudar a su país, participa en diferentes proyectos ayudando a la gente.

**b**

| | V | F | No está |
|---|---|---|---|
| 1. Juanes es un colombiano muy famoso en todo el mundo. | X | | |
| 2. El nombre «Juanes» viene de Juan y las dos primeras letras de su segundo nombre Esteban. | | | X |
| 3. Su grupo de heavy metal sólo fue famoso en Colombia. | X | | |
| 4. Los alemanes no conocen su canción «La camisa negra». | | X | |
| 5. «Mi sangre» es el nombre de un cedé de Juanes y de su proyecto para ayudar a los niños. | | X | |
| 6. En Colombia todos son pobres. | | X | |
| 7. Para Juanes los niños son muy importantes para el futuro de un país. | X | | |
| 8. Ahora hay mucha violencia en Colombia. | | | X |
| 9. Juanes y sus amigos quieren luchar por la paz con conciertos gratuitos. | X | | |
| 10. Juanes vive con su familia en Florida. | | | X |

## VOCABULARIO | WORTSCHATZ

**2** **a**

| | 1 | V | E | C | E | S | | | |
|---|---|---|---|---|---|---|---|---|---|
| | 2 | E | S | T | E | | | | |
| 3 | L | E | N | G | U | A | | | |
| 4 | P | L | A | N | T | A | C | I | O | N | E | S |
| | 5 | C | A | P | I | T | A | L | |
| 6 | P | R | O | D | U | C | T | O | R |
| | 7 | L | I | M | I | T | A | | |
| | 8 | O | E | S | T | E | | | |
| | 9 | M | I | L | L | O | N | E | S |
| 10 | H | A | B | I | T | A | N | T | E | S |
| | 11 | S | I | T | U | A | D | A | |
| | 12 | A | M | É | R | I | C | A | |

**Frase clave:** ¡Ven a Colombia!

**b** 1. mil seiscientos veintiséis

2. un millón trescientos noventa mil

3. cero, ciento cuarenta y dos

4. un millón quinientas mil personas / un millón y medio de personas

5. dos mil tres

## GRAMÁTICA | GRAMMATIK

**3** 1. Cuando Robertó buscó sus zapatillas, no las encontró.

2. Cuando sacó el balón, metió gol en su propia portería.

3. Cuando entró con Cristina al café, su hermana los vio.

4. Cuando se acostó, pensó en el examen de Mates.

**4** 2. Después de poner en una taza la harina, la sal y el agua, amasa la mezcla.

3. Antes de poner el queso, espera cinco minutos. / Después de esperar cinco minutos, pon el queso.

4. Después de amasar todo un poco más, haz nueve bolas. / Antes de hacer nueve bolas, amasa todo un poco más.

5. Después de poner las arepas en una sartén con aceite, fríelas entre cinco y diez minutos.

**5** 1. jugasteis, jugué – 2. empecé, empezasteis – 3. tocaste, toqué – 4. llegué, llegaste – 5. pagaste, pagué

**6** Nací – empecé – tuvo – pedí – quiso – fuimos – me decidi – gané – participé – dieron – hice – fui – conocí – fue

## MEDIACIÓN | SPRACHMITTLUNG

**7** 1. Es fand am 20. September 2009 statt.

2. In Havanna (Kuba), Plaza de la Revolución „San Martí".

3. Nein, das zweite Konzert.

4. Die Zuschauer sollen weiße Kleidung als Symbol des Friedens tragen.

5. Nein, es hat keine politische Botschaft.

## EXPRESIÓN ESCRITA | TEXTPRODUKTION

**8** **Erwartungshorizont:** El sábado pasado, los hermanos Jorge y Carmen estuvieron solos en casa e hicieron muchas cosas. El sábado durmieron hasta las diez. Antes de tomar el desayuno corrieron en el parque. A las once y cuarto se fueron de compras. Cuando salieron de la tienda, se encontraron con unos amigos y decidieron tomar algo. De repente, Carmen tuvo una buena idea: ¿por qué no organizar un partido de fútbol entre los amigos? Todos estuvieron de acuerdo. Llamaron a más amigos y quedaron a las seis de la tarde. Por la tarde leyeron un poco y escucharon música. También tuvieron que pasar por su casa para buscar sus zapatillas de fútbol. Fue un partido muy típico: el equipo de Jorge hizo un muy buen trabajo y metió dos goles, pero al final ganó el equipo de Carmen. Las chicas se pusieron muy contentas. Por la noche hubo un concierto en el centro cultural y los dos bailaron mucho. Jorge conoció a una chica muy graciosa y habló una hora con ella. Al final le dio su número de móvil. A la una de la noche, los dos hermanos volvieron a casa y se acostaron muy felices.

# KLASSENARBEIT B

**COMPRENSIÓN ORAL | HÖRVERSTEHEN**

🎧13

**Sandra**: ¿Y qué tal el fin de semana pasado, Eva?

**Eva**: ¿El finde pasado? Uff… Es que tuve que estudiar para el examen de Mates. Pero en vez de estudiar, estuve en Internet, pasé muchas horas en el chat. Al final me aburrí como una ostra…

**Sandra**: ¡Qué pena! ¿Y tú, Maite?

**Maite**: Pues yo pasé el sábado con mis abuelos. Fuimos a visitar la laguna de Guatavita. Fuimos en autobús, pero bajamos antes de llegar allí. Mis abuelos quisieron subir los últimos tres kilómetros a pie. ¡Pero el lago está a una altura de 3000 metros y al final necesitamos dos horas para subir!

**Eva**: ¡Qué agotador!

**Maite**: Es verdad, pero desde allí tienes una vista increíble, ¡las montañas son tan hermosas! ¡Y el aire es tan limpio! No es como en Bogotá… Y tú, Soledad, ¿qué hiciste?

**Soledad**: Pues, fui a la fiesta de quince de mi prima Marisol.

**Eva y Maite**: Cuéntanos…

**Soledad**: Es que sus padres organizaron una gran fiesta. Seguro que pagaron más de quince millones de pesos en total.

**Sandra**: No me digas… Mis padres dicen que es una locura pagar tanto dinero por un cumpleaños. Y mi fiesta de quince también fue bonita.

**Maite**: Sí, fue superbacano tu fiesta.

**Soledad**: Es verdad, pero a Marisol sí le gustó mucho su fiesta. Y tú, Sandra, ¿qué hiciste el fin de semana?

**Sandra**: Bueno… No sé qué me pasa. Hace una semana Diego volvió a España y lo echo mucho de menos, pero…

**Soledad**: Olvídalo, ahora vive en España.

**Sandra**: Sí, sí… Y ayer, cuando salí de casa, ¿saben con quién me encontré en la calle?

**Soledad, Maite y Eva**: Cuéntanos…

**Sandra**: Con Hugo.

**Eva**: Ah sí…

**Maite**: ¿Y quién es Hugo?

**Sandra**: ¿No te acuerdas del chico que nos habló en el cine hace dos semanas?

**Maite**: ¿El chico de la cazadora negra? ¡No me digas!

**Eva**: ¡Vaya suerte!

**Sandra**: Charlamos un rato en la calle y luego nos fuimos juntos a un concierto que dieron sus amigos en el centro cultural. Bailamos mucho y luego yo canté una canción…

**Soledad**: ¿Cómo que cantaste una canción?

**Sandra**: Pues sí, después del concierto pusieron un karaoke y tocaron mi canción favorita. Y esta tarde quedo con él para jugar al tejo con sus amigos. Tenéis que ayudarme: ¿qué me pongo? Estoy muy nerviosa…

🎧13 **1** **a**

escuchar música

estudiar para el examen de Mates

estar en Internet

subir a pie

ir en bici

| | | | | |
|---|---|---|---|---|
| ir a la fiesta de quince | pensar en Diego | cantar | charlar con un chico | jugar al voleibol |

🎧13 **b** 1c – 2a – 3c – 4a – 5b – 6c – 7b – 8c – 9b – 10b

🎧14 En otros países el deporte nacional es el fútbol o el baloncesto. Pero el deporte nacional de Colombia es el tejo. El tejo es un juego que nació hace más de quinientos años. Ya los primeros habitantes del altiplano lo inventaron. Hoy en día el tejo también se juega en otros países de América del Sur además de Colombia, por ejemplo Venezuela y Ecuador.

El juego no es difícil. El tejo es una pieza de metal. Se dice que, hace quinientos años, los indígenas todavía jugaban con tejos de oro. Hoy en día sólo se usan piezas de metal. Tienes que lanzar el tejo desde una distancia de unos veinte metros e introducirlo en un círculo metálico. Este círculo metálico se llama bocín. Sobre este bocín se encuentra una mecha que explota cuando el tejo cae encima. Gana el jugador que primero tenga 27 puntos.

🎧14 **2**

☐ Hay campeonatos individuales y por equipos.

7 Gana el jugador que primero tenga 27 puntos.

4 El tejo es una pieza de metal.

2 Nació hace quinientos años.

☐ A veces la gente discute mucho para decidir quién ganó.

1 El deporte nacional de Colombia es el tejo.

☐ El tejo es de 680 gramos.

3 Se juega en varios países de América del Sur.

5 Hay que lanzar el tejo e introducirlo en un círculo metálico.

6 La mecha sobre el bocín explota cuando el tejo cae encima.

---

## VOCABULARIO | WORTSCHATZ

**3**

| 1 | 2 | 3 | 4 | 5 |
|---|---|---|---|---|
| las flores | el café | la montaña / los Andes | el río Magdalena (*Fluss*) | la playa |

 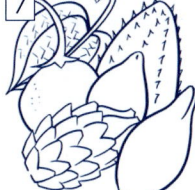 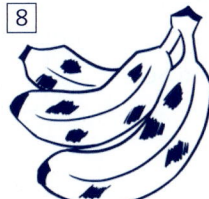  

| 6 | 7 | 8 | 9 | 10 |
|---|---|---|---|---|
| el Caribe | las frutas | los plátanos | los lagos (*Seen*) | el zumo |

## GRAMÁTICA | GRAMMATIK

**4**
1. ¿Nos **ayudáis** por favor? –Sí, **os ayudamos**.
2. ¿**Ayudas** a tu compañera? –Enseguida **la ayudo**.
3. ¿[Ella] **Ayuda** a tu hermano? –A veces **lo ayuda**.
4. ¿[Nosotros] **Ayudamos** a los abuelos? –Claro, **los ayudamos**.

**5**
escribiste – estuve – fuiste – fui – hicisteis – pude – quiso – Tuve – vinieron – Vimos – fue

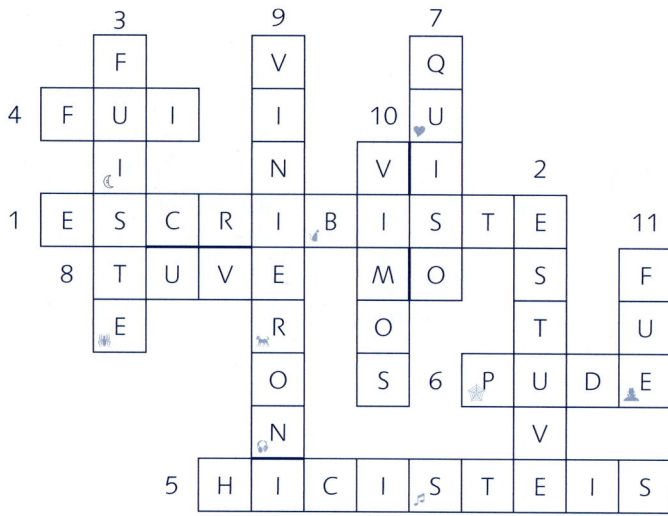

Palabra clave:

| S | U | P | E | R | B | I | E | N |
|---|---|---|---|---|---|---|---|---|

**6** **a**
2. Después de tomar el desayuno, va al cuarto de baño. / Va al cuarto de baño antes de tomar el desayuno.
3. Después de jugar al voleibol, se ducha.
4. Antes de hacer los deberes, llama a Sandra. / Después de llamar a Sandra, hace los deberes.
5. Después de cenar, se acuesta. / se va a la cama.

**b**
1. **Antes de** hacer los deberes, Carlitos escucha música. / **Después de** escuchar música, Carlitos hace los deberes.
2. **Cuando** Carlitos sale de su casa, ve a Sandra.
3. Sandra está con un chico **que** lleva unos vaqueros y una camiseta roja.
4. Carlitos todavía no **lo** conoce.
5. Por eso **le** dice: «Hola, soy Carlitos.»

## MEDIACIÓN | SPRACHMITTLUNG

**7**
1. Das Konzert findet auf der „Plaza de eventos" statt.
2. Ja, der Park hat sechs Eingänge.
3. Die „Plaza de eventos" liegt auf der gegenüberliegenden Seite des Parks. Am besten du gehst links um den großen See herum. Du kommst an einem Spielplatz vorbei und dann auch noch an einem Informationspunkt. Dort kannst du sicher auch nachfragen.
4. Nein, du betrittst den Park am westlichen Ende und musst dann zum nordöstlichen Ende gehen.
5. Es gibt zwei kleine Sandstrände am See.

## EXPRESIÓN ESCRITA | TEXTPRODUKTION

**8**   Erwartungshorizont:

**Pedro**: Eh, primo, ¿por qué no llamaste la semana pasada?

**El primo**: Pues, disculpa, por el momento estoy sin celular. Es que no tengo plata para pagar la cuenta.

**Pedro**: Entiendo. ¿Y qué tal el fin de semana?

**El primo**: Pues genial. El sábado fui a un concierto de unos amigos. Pero antes de ir entré a una tienda para comprar un coca-cola y cuando salí de la tienda, ¿sabes con quién me encontré en la calle?

**Pedro**: Cuéntame…

**El primo**: ¡Con la chica morena que conocí en el cine hace dos semanas!

**Pedro**: No me digas… ¡Qué casualidad!

**El primo**: Te acuerdas de ella, ¿verdad?

**Pedro**: Sí, claro. ¿Y qué pasó después?

**El primo**: Pues charlamos un rato y luego fuimos juntos al concierto. La noche fue genial, bailamos mucho. La chica es muy maja, la verdad.

**Pedro**: Y ahora, ¿qué?

**El primo**: Bueno… La puedes conocer hoy. Jugamos al tejo y ella también viene. ¿Por qué no vienes?

**Pedro**: De acuerdo. Voy con ustedes.

## KLASSENARBEIT A

**COMPRENDER EL TEXTO | LESEVERSTEHEN**

**1** **a** **4**

Barcelona

Bakio · 1

Madrid

Bogotá · 3

Sevilla · 2

Salamanca

**b**

|  | V | F | No está |
|---|:---:|:---:|:---:|
| 1. En Bakio hace mucho calor. | | X | |
| 2. Ana jugó a la pelota vasca. | X | | |
| 3. A Ana le gusta mucho hacer caminatas. | | | X |
| 4. Daniela escribe una postal a su abuela. | X | | |
| 5. En el barrio de Santa Cruz hay mucha marcha. | | | X |
| 6. Ayer Daniela compró muchos recuerdos. | | X | |
| 7. En Bogotá todo está como siempre. | X | | |
| 8. Diego casi no puede ver a sus amigos. | | X | |
| 9. La abuela de Diego cumple cincuenta y tres años. | | | X |
| 10. En Barcelona está la Giralda. | | X | |
| 11. Mañana Álvaro va a visitar un estadio de fútbol. | X | | |
| 12. El Parque Güell es muy famoso. | | | X |

## VOCABULARIO | WORTSCHATZ

**2**
1. En Málaga hace sol.
2. En Barcelona está nublado.
3. En Bilbao llueve mucho.
4. En La Coruña hace mucho viento.
5. En Pamplona hay mucha nieve.
6. En Madrid hace frío / hay dos grados (de temperatura).

**3** primera – cuarto – sexto – primera – tercer – segunda – primer

## GRAMÁTICA | GRAMMATIK

**4** van a tener que trabajar – va a estar con los abuelos en el pueblo – os vais a ir de viaje – vamos a hacer – voy a pasar dos semanas en Badajoz – me vas a echar de menos / vas a echarme de menos

**5**
2. **Nunca** llega a tiempo.
3. El instituto **no** le gusta **nada**.
4. Cuando tiene un problema, **no** habla con **nadie**.
5. Sus padres **no** saben **nada** de ella.
6. **Nadie** puede entrar en su habitación.
7. Marisol **no** se aburre **nunca**.

**6** **a** 1. e – 2. b – 3. a – 4. c – 5. f – 6. d

**b** 1. Llámala. – 2. Ayúdame. – 3. Hazlos. – 4. Dale recuerdos. – 5. Esperadme en la plaza.

## MEDIACIÓN | SPRACHMITTLUNG

**7** **Tú**: Hallo, kann ich euch helfen?

**Jóvenes**: Ja, wir suchen ein Hotel. Unser Stadtführer (*el guía*) ist nicht mehr ganz neu und viele Hotels gibt es nicht mehr. (Zu deinem Sprachlehrer) Sind Sie der Lehrer?

**Tu profesor**: ¿Cómo? Perdón, no hablo alemán.

**Tú**: **Das ist mein Sprachlehrer, er spricht kein Deutsch.**

**Jóvenes**: Ach so. Aber dein Spanischlehrer kann uns sicher ein ruhiges Hostel (*el hostal*) oder ein nicht zu teures Hotel empfehlen.

**Tú**: **Están buscando un hostal tranquilo o un hotel no demasiado caro.**

**Tu profesor**: Pues… no sé. Hay muchos hoteles en el centro, pero ¿tranquilos? Aquí siempre hay mucha marcha. Pueden probar el hotel Trébol. Creo que tienen buenos precios.

**Tú**: **Hier im Zentrum gibt es viele Hotels, aber es ist auch immer viel los. Er meint, ihr könnt das Hotel Trébol ausprobieren. Er denkt, dass sie günstige Preise haben.**

**Jóvenes**: Das hört sich gut an. Wie kommen wir denn dahin?

**Tú**: **Preguntan cómo llegar al hotel.**

**Tu profesor**: Primero tienen que coger la calle Cisneros. Luego giran a la izquierda en la Calle Nueva. Tienen que seguir todo recto hasta la calle Marqués. Allí giran a la derecha y siguen hasta la calle Moreno Carbonero. El hotel está en el número 3.

**Tú**: **Ihr müsst hier die Straße Cisneros nehmen. Dann biegt ihr links in die Calle Nueva ab. Geht gerade aus weiter bis zur Calle Marqués. Dort biegt ihr rechts ab und geht weiter bis zur Calle Moreno Carbonero. Das Hotel ist in der Hausnummer 3.**

**Jóvenes**: Super. Herzlichen Dank für deine Hilfe. Sag auch deinem Lehrer vielen Dank von uns. Wir finden Málaga sehr schön. Und die Leute sind so freundlich.

**Tú**: Te dicen muchas gracias por tu ayuda. Málaga les gusta mucho. Y dicen que la gente es muy simpática.

**Tu profesor**: De nada. ¡Qué tengan una estancia agradable (*angenehmer Aufenthalt*) en Málaga! ¡Adiós!

**Tú**: Er wünscht euch einen angenehmen Aufenthalt in Málaga. Tschüss.

## EXPRESIÓN ESCRITA | TEXTPRODUKTION

**8**  Erwartungshorizont:

Querida Laura:

¿Qué tal en Salamanca? Estoy en el chalé de mis tíos y me lo paso superbién. Hoy no hacemos nada porque hace mucho calor (estamos a 38° grados). Casi todos los días fuimos a la playa. Por fin aprendimos a patinar. Hace dos días fuimos a Tabarca, que es una isla. Visitamos la ciudad y yo tomé muchas fotos (míralas en mi blog). Fue muy bonito. Mañana vamos a ir de tiendas para comprar un regalo para mi tío porque es su cumpleaños.

Por las noches salimos con las amigas de mis primas. ¡E imagínate!: ayer conocí a un chico muy majo. Mis primas y yo vamos a quedar con él más tarde. Mañana podemos hablar en el chat y te lo cuento todo…

¡Besos y recuerdos a todos!

Vega

# KLASSENARBEIT B

## COMPRENDER EL TEXTO | LESEVERSTEHEN

**1**

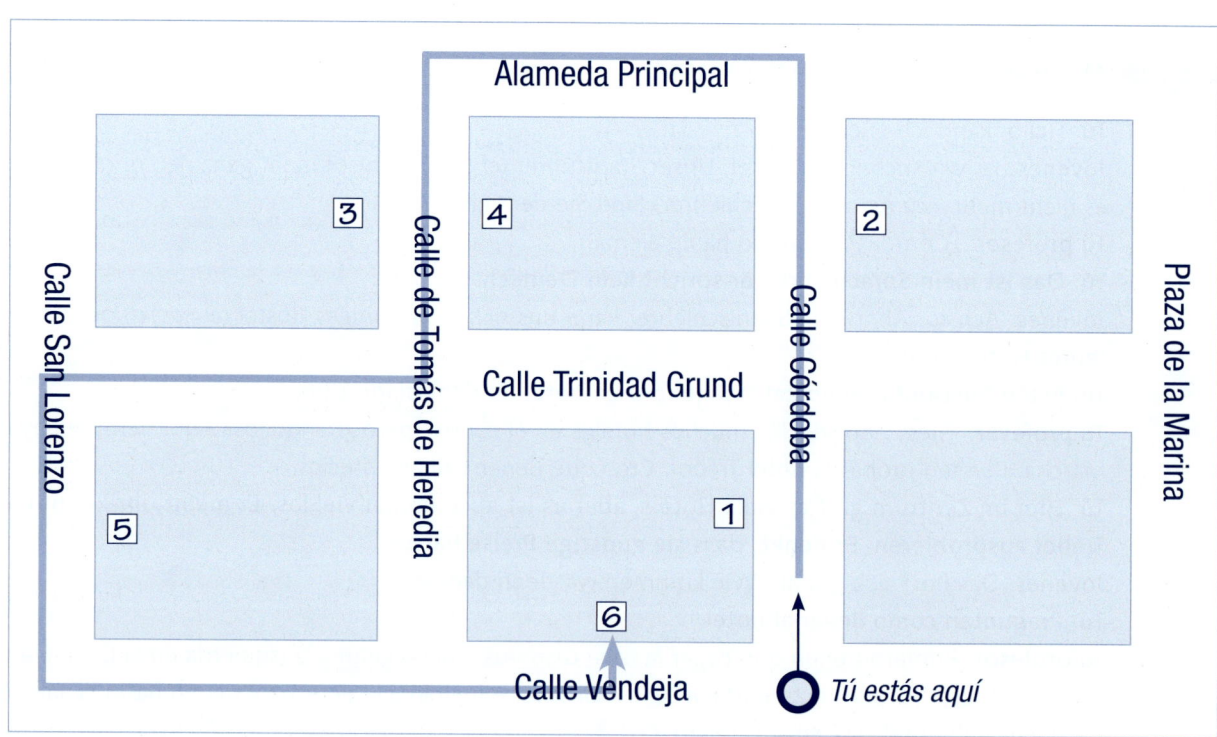

## ESCUCHAR | HÖRVERSTEHEN

🎧15 Son las cinco de la tarde en Málaga y ustedes están escuchando «Radiolé». Hoy es viernes y la pregunta más importante es: ¿va a hacer buen tiempo para la Feria de Agosto? Este fin de semana empieza en Málaga la Feria de Agosto, la mayor feria de toda España. Como siempre se monta un inmenso espectáculo de fuegos artificiales y durante toda la feria hay un montón de conciertos gratis para todos. Ahora les vamos a decir si necesitan llevar unas gafas de sol o un paraguas. Hoy viernes por la tarde estamos a 31 grados y el cielo está despejado. Por la noche las temperaturas van a bajar hasta los 22 grados, pero no va a llover. Así no va haber problemas con los fuegos artificiales. El sábado las temperaturas sólo van a llegar a los 26 grados, va a hacer un poco de viento y por la noche va a llover. Pero tranquilos, el domingo sólo va a llover por la mañana. Por la tarde otra vez va a salir el sol y va a hacer más calor. El lunes, las temperaturas van a subir otra vez hasta los 30 grados. Entonces vamos a tener calor con un poco de lluvia el sábado y el domingo.

¡Qué paséis una inolvidable Feria de Agosto!

Podéis encontrar toda la información también en línea en www.radiole.com.

🎧15 **2**

|  | ☀ | 🌧 | 🌬 |
|---|---|---|---|
| viernes | X |  |  |
| sábado |  | X | X |
| domingo | X | X |  |
| lunes | X |  |  |

## HABLAR | SPRECHEN

**3** En el dibujo se ve una plaza de un pueblo. Hace buen tiempo. En la plaza hay unos árboles y muchos animales, por ejemplo perros y gatos. También hay mucha gente: están charlando y los niños están jugando. Al lado de la plaza hay una cafetería. Ahí también hay mucha gente: están comiendo y bebiendo. Otros están viendo un partido de fútbol en la tele. Todos están contentos…

**4** **a** individuelle Lösungen

  **b**

| Hörtext | Lösungsvorschlag |
|---|---|
| Una semana más y tenemos vacaciones. ¡Por fin! Yo me voy a Madrid… | Uff, ¿otra vez a Madrid? ¡Qué aburrido! Además vivimos todo el año en la ciudad. |
| Sí, claro, pero quiero conocer también otras ciudades, pasear por las calles e irme de tiendas… | Pero, ¿para qué? Cuando conoces una ciudad, las conoces todas. Sólo vas a ver más casas, más coches y más tiendas… |
| ¿Y qué? A mí me gusta quedarme horas en una tienda, puedo leer revistas o escuchar cedés. | ¡Qué aburrido! Y puedes hacerlo todo el año, ¿no? ¿Todavía no estás harto de esto? |
| Pues pienso que hay más cosas que ver. Además a mí me gusta… | A mí me gustan las comidas largas con la familia y dormir la siesta. |

| | |
|---|---|
| Uff, ¡qué aburrido! Así sólo estás perdiendo el tiempo… | ¡Qué va! En las vacaciones mis padres y yo hablamos más y siempre nos llevamos mejor. |
| ¿De verdad? No sé. A mí me falta siempre un poco de marcha. | En verano también hay muchas fiestas en el pueblo. Y cuando vas por la calle o estás en una plaza, siempre encuentras a alguien con quien charlar un rato. |
| Bueno, pero los pueblos son muy pequeños y todo el mundo te está controlando, ¿no? | Uff, a veces sí, pero no toda la gente es cotilla. Mis abuelos siempre me dejan a mi aire. |
| ¿De verdad? ¿Y qué haces en un pueblo todo el día? | Pues me voy por ahí con mis primos todo el día. Sólo estoy en casa para comer y para dormir. Hacemos excursiones en bici o vamos a nadar a un lago que está cerca. |
| Es verdad. Pasar el día en una playa es genial… Pero en Madrid puedes ir todas las noches a lugares diferentes y puedes conocer gente nueva… | Sí, estoy de acuerdo. En el pueblo no conoces a mucha gente nueva. |
| Oye, tengo una buena idea: yo puedo ir a verte un fin de semana al campo y tú me puedes visitar un día en Madrid, ¿de acuerdo? | Vale, ¿por qué no? |

## EXPRESIÓN ESCRITA | TEXTPRODUKTION

**5**  Erwartungshorizont:

¡Hola Esteban!

Gracias por tu mensaje. Estoy muy contenta porque vienes a la fiesta. Es en la escuela de idiomas, no está muy lejos de la Alameda Principal.

Baja del bus en la parada «Larios», coge la calle Marqués de Larios y cruza dos calles. Luego gira a la derecha en la calle de la Bolsa. Sigue todo recto hasta el número 10, la escuela está a la derecha. Creo que la vas a encontrar sin problemas. La fiesta empieza a las ocho.

Un beso y dale recuerdos a tu amigo Juan.

¡Hasta luego!

Marie

# SUPLEMENTO CATALUÑA

## KLASSENARBEIT A

### COMPRENDER EL TEXTO | LESEVERSTEHEN

**1** **a** Dennis: La Rambla (1), la Montaña Rusa (5), la Sagrada Familia (6), la Plaça dels Àngels (8)
Cynthia: el Camp Nou (2)
Leon: las Tapas (4), el Parc de la Ciutadella (7)

**b**

|  | | V | F | No está |
|---|---|---|---|---|
| 1. | Dennis, Leon y Cynthia son compañeros de clase en Alemania. | | X | |
| 2. | Pasan dos semanas en Barcelona para aprender mejor el español. | X | | |
| 3. | Pasan todo el día en la playa. | | X | |
| 4. | Dennis nunca ha visto una iglesia más bonita que la Sagrada Familia. | X | | |
| 5. | A Dennis le gusta mucho patinar. | | | X |
| 6. | Los chicos ya han preparado juntos una cena española típica. | X | | |
| 7. | En clase escuchan muchas canciones españolas. | | X | |
| 8. | A Cynthia le gusta mucho el fútbol. | X | | |
| 9. | Cynthia echa de menos a sus compañeros alemanes. | | | X |
| 10. | Leon es de Friburgo. | X | | |
| 11. | A Leon no le gusta ir al Parc de la Ciutadella. | | X | |
| 12. | Los jóvenes catalanes hablan catalán en la escuela y en la universidad. | X | | |

### VOCABULARIO | WORTSCHATZ

**2**

el pan

el bocadillo

el queso

el zumo

la leche

la ensalada

el granizado

el agua

el colacao

el café

los pinchos

la tortilla

el jamón

las galletas

## GRAMÁTICA | GRAMMATIK

**3**  Lösungsvorschlag:

1. Esteban es más joven que Juana y Enrique.
2. Juana es más rebelde que Enrique. / Enrique es menos rebelde que Juana.
3. Juana es más/menos maja que Esteban y Enrique. / Esteban es más/menos majo que Juana y Enrique.
4. Enrique es más tímido que Esteban. / Juana es menos tímida que Enrique y Esteban.
5. Juana es más alegre que Esteban y Enrique. / Esteban y Enrique son menos alegres que Juana.

**4**
1. Laura y Vega se han levantado temprano.
2. Laura ha hecho el desayuno.
3. Las chicas se han ido a la estación de trenes.
4. Laura le ha dicho «¡Adiós!» a Vega.
5. Vega ha subido al tren para Salamanca.
6. Laura ha vuelto a casa.
7. Le ha escrito una carta a Diego.
8. Ha quedado con Francesc.
9. Los dos han dado una vuelta por el Barrio Gótico.
10. Han visto una peli.

**5**  me fui – estuve – fue – pasamos – compartimos – hablamos – visitasteis – Vimos – has ido – he recibido – Ha escrito – hemos echado / echamos

## MEDIACIÓN | SPRACHMITTLUNG

**6**  Auf dem Plakat werden die Verhaltensregeln im Zoo erklärt.
1. Man darf den Zoo nicht verlassen und dann wieder mit derselben Eintrittskarte hineingehen.
2. Jugendliche unter 13 Jahren dürfen nur in Begleitung von Erwachsenen in den Zoo.
3. Man darf auf keinen Fall die Tiere füttern.
4. Man darf keine kommerziellen Fotos oder Filmaufnahmen machen.
5. Der Zoo kann das Programm ändern.

## EXPRESIÓN ESCRITA | TEXTPRODUKTION

**7**  Erwartungshorizont:

¡Hola, chicos!

Ya hace cuatro días que llegué a Berlín y me lo estoy pasando fenomenal. Hace muy buen tiempo (estamos a 26 grados) y no hace tanto calor como en Barcelona. Y Berlín es bastante grande, no puedes recorrer el centro a pie. Por la mañana voy al instituto con Leon, mi compañero alemán, y por la tarde, su profe de Español siempre organiza un montón de actividades diferentes: el lunes visitamos la Puerta de Brandeburgo y el edificio del Reichstag. Luego hicimos un picnic en un parque de por ahí cerca, creo que se llama Tiergarten. El segundo día fuimos a un museo, el Jüdisches Museum. Bueno, los museos no molan mucho, pero ahí puedes hacer muchas actividades diferentes y al final fue bastante interesante. Hoy por la tarde hemos subido a la torre de la televisión de Alexanderplatz. Tiene una altura de 368 metros, así que desde ahí arriba tienes una vista guay de la ciudad.

Mañana vamos a ir al estadio olímpico; es donde juega el equipo de fútbol Hertha BSC y ¡vamos a ver un partido! Ya sé que es el monumento de Berlín que más me va a gustar ;-)…

El sábado es nuestro último día en Berlín y por la mañana vamos a ir de tiendas para comprar recuerdos. Y por la tarde vamos a hacer una gran fiesta en un parque. Van a estar todos: los compañeros alemanes, los profes y ¡claro!, nosotros también. Bueno, me tengo que ir.

Besos, Jaume

PD: Ya he hecho miles de fotos. Miradlas en mi blog. Ahí podéis ver también a la familia de mi compañero alemán. Todos son muy majos. No entiendo mucho cuando hablan alemán, pero no pasa nada porque hablamos un poco de todo: alemán, español, inglés, y también con las manos ;-)

# KLASSENARBEIT B

### COMPRENSIÓN ORAL | HÖRVERSTEHEN

🎧17

Adrián y Carla pasan un fin de semana en Barcelona. Hoy han comprado billetes para la visita de la ciudad en bus. Así no tienen que recorrer toda la ciudad a pie y pueden subir y bajar del bus cuando quieran. Además tienen una vista guay desde el bus y tienen mejores precios para entrar en museos o monumentos. En bus también conocen a gente nueva.

**Pedro:** Hola, chicos, ¿no nos vimos ayer en la discoteca La Paloma?

**Adrián:** Pues sí…

**Pedro:** Fue una noche genial, ¿no? Nos gustó mucho el lugar.

**Carla:** A nosotros también. Bailamos toda la noche. Creo que no salimos hasta las tres y luego comimos unos cruasanes muy ricos que compramos en una panadería por allí… Pero todavía no nos hemos presentado: yo soy Carla y este es Adrián.

**Pedro:** Me llamo Pedro y esta es Mariví.

**Mariví:** Hola.

**Adrián y Carla:** ¡Hola!

**Mariví:** Somos de Salamanca, ¿y vosotros?

**Carla:** Nosotros también, ¡qué casualidad!

**Adrián:** ¡El mundo es un pañuelo! ¿Qué habéis hecho y visto hasta ahora?

**Mariví:** Pues el viernes llegamos un poco tarde, por eso sólo fuimos a cenar en un restaurante y nos acostamos temprano. ¿Y vosotros?

**Carla:** Adrián y yo llegamos a mediodía y como hacía un sol estupendo, fuimos a la playa para tomar el sol. Conocimos a unos chicos que jugaban al vóley playa por ahí. Pasamos la tarde juntos y luego dimos una vuelta por el Barrio Gótico y el Born.

**Pedro:** Son barrios fantásticos con sus plazas pequeñas y sus calles tan marchosas, ¿no?

**Adrián:** Sí, nos gustan bastante. Y vosotros, ¿qué habéis visto en Barcelona?

**Pedro:** Ayer fuimos a desayunar a La Boquería, ¿la conocéis? Es un mercado muy famoso donde puedes comprar de todo para comer y también hay puestos donde puedes comer. Está muy cerca de La Rambla.

**Carla:** Sí, sí, también estuvimos allí. Es fantástico, ¿no? Es el mercado más bonito que he visto nunca.

**Mariví:** Es verdad, es fenomenal. ¿Y qué más habéis hecho vosotros?

**Adrián:** Ayer nos fuimos al MACBA, es un museo de arte contemporáneo. Luego nos sentamos en la escalera que hay fuera, para charlar y mirar a la gente… ¡Y claro!, dimos una vuelta por el Carrer dels Tallers. Es una calle muy animada que está llena de tiendas de música y de ropa…

🎧17 **1** **a**

1 ☐
el Camp Nou

2 ☐
el Parc de la Ciutadella

3 ☒
el MACBA

4 ☐
el Tibidabo

la playa

La Boquería

el Barrio Gótico

la discoteca

18

**Pedro**: Oye, ¿ya habéis visitado la Sagrada Familia?

**Carla**: No, justamente la queremos visitar hoy.

**Mariví**: Nosotros también. Entonces, ¿por qué no vamos juntos?

**Adrián**: Muy bien. ¿Tenéis más planes para hoy?

**Mariví**: Pues también queremos dar una vuelta por el barrio de Gràcia. He leído que es un barrio donde viven muchos estudiantes y artistas. Seguro que hay lugares interesantes y cafés guays.

**Carla**: Está bien. Entonces después de visitar la Sagrada Familia tomamos el bus para ir a Gràcia. Pero yo también quiero ver el Parque Güell. Es nuestro último día y me han dicho que es muy bonito.

**Mariví**: Es verdad, yo también lo quiero ver. Y además está muy cerca de Gràcia. Después de la Sagrada Familia podemos ir al Parque Güell y luego vamos a Gràcia, ¿qué os parece?

**Carla**: Vale.

**Adrián**: Hacemos así.

**Pedro**: ¿Dónde tenemos que bajar del bus?

**Voz del conductor**: Próxima parada: Sagrada Familia…

18 **b**

el Poble Espanyol

el barrio de Gràcia

la Fundació Joan Miró

La Rambla

el Parque Güell

el Carrer dels Tallers

el Port Olímpic

la Sagrada Familia

19 s. Hörtexte 17+18

🎧19  **c**

|  | | V | F | No está |
|---|---|---|---|---|
| 1. Adrián y Carla quieren recorrer toda la ciudad a pie. | | ☐ | ☒ | ☐ |
| 2. Por la mañana los dos discutieron mucho. | | ☐ | ☐ | ☒ |
| 3. Pedro y Mariví también son de Salamanca. | | ☒ | ☐ | ☐ |
| 4. El viernes Carla y Adrián jugaron al vóley playa. | | ☒ | ☐ | ☐ |
| 5. Ayer Pedro y Mariví desayunaron en un bar cerca de su hostal. | | ☐ | ☒ | ☐ |
| 6. Los jóvenes quieren ir juntos a la Sagrada Familia. | | ☒ | ☐ | ☐ |
| 7. En el barrio de Gràcia casi no viven jóvenes. | | ☐ | ☒ | ☐ |
| 8. En Gràcia también hay muchos cines. | | ☐ | ☐ | ☒ |
| 9. A Pedro le han dicho que el Parque Güell es fantástico. | | ☐ | ☒ | ☐ |
| 10. El Parque Güell está cerca del barrio de Gràcia. | | ☒ | ☐ | ☐ |

🎧20

**Mariví**: Gràcia es muy bonito, ¿no? Creo que es el barrio más interesante de Barcelona.

**Pedro**: Mirad, ahí hay un bar que se ve muy guay. ¿Qué tal si tomamos algo? Yo tengo un hambreeeeeee…

**Carla y Adrián**: Buena idea…

**Adrián**: Yo también me muero de hambre…

**Mariví**: Anda, vamos.

…

**Adrián**: Oiga, por favor.

**Camarero**: Buenos días, ¿qué vais a tomar?

**Mariví**: Para mí un zumo de naranja y unos pinchos de tortilla.

**Pedro**: Yo, un granizado y para comer… una tapa de croquetas.

**Adrián**: Para mí un café cortado y un bocadillo de jamón, por favor.

**Carla**: Yo, un zumo de naranja.

**Camarero**: ¿Y de comer? ¿Qué te pongo?

**Carla**: A ver… un pan con tomate.

**Camarero**: Enseguida vuelvo…

**Carla**: A ver, ¿qué lugar de Barcelona os gusta más?

**Mariví**: Uy, es difícil… y todavía no hemos visto mucho, ¡hay tantas cosas que ver aquí!

**Adrián**: Para mí el sitio más importante es la Rambla. Hay tanta gente allí, y los músicos y las estatuas humanas. Puedes sentarte en un café y mirar a la gente durante horas…

**Pedro**: Creo que mi lugar favorito es el Parque Güell. Es un parque fantástico. Y además, desde allí tienes una vista guay de toda la ciudad.

**Carla**: Para mí lo mejor de Barcelona es el mar. Me gusta tanto estar en la playa… pero ahí viene la comida, parece riquísima…

🎧20 **2** **a**

| ¿Quiénes son? | los chicos de antes (Mariví, Pedro, Carla y Adrián) |
|---|---|
| ¿Dónde están? | están en el barrio de Gràcia en Barcelona |
| ¿Qué están haciendo? | dan una vuelta por el barrio |
| | piden algo en un bar |

20

**b**

| | Nombre/s | | Nombre/s |
|---|---|---|---|
| **¿Quién pide...?** | | | |
| | Carla, Mariví | | Mariví |
| | Adrián | | – |
| | Pedro | | Pedro |
| | Adrián | | Carla |
| **¿De quién es el lugar favorito?** | | | |
| el MACBA | – | el Parque Güell | Pedro |
| LA RAMBLA LICEU MERCAT DE LA BOQUERIA | Adrián | | Carla |

## VOCABULARIO | WORTSCHATZ

**3** **a** Lösungsvorschlag:

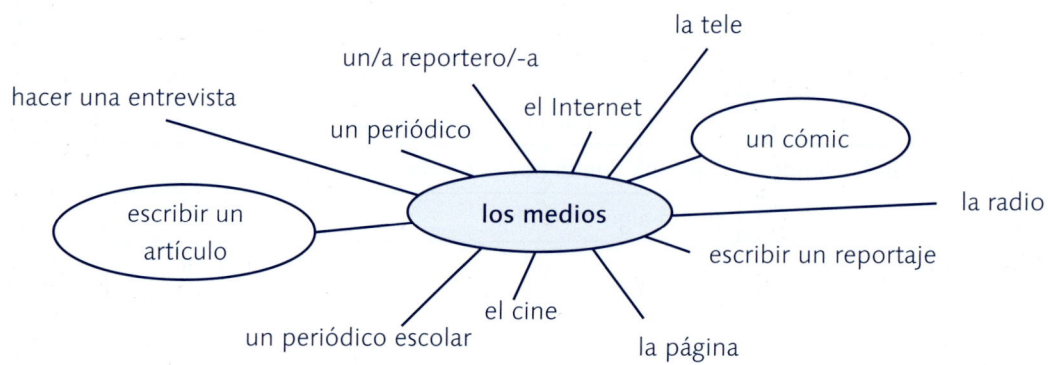

hacer una entrevista — un/a reportero/-a — la tele — el Internet — un periódico — un cómic — **los medios** — escribir un artículo — la radio — escribir un reportaje — el cine — un periódico escolar — la página

**b** 1. un joven: Un joven es un sinónimo de «chico».

2. barato/-a: Es el antónimo de «caro». / Cuando algo no cuesta mucho, es barato.

3. de segunda mano: Cuando compras un cedé de segunda mano, no es nuevo.

4. sentarse: En clase los alumnos se sientan en sillas.

## GRAMÁTICA | GRAMMATIK

**4** Individuelle Lösungen; **Lösungsvorschlag:**
Para mí el mejor grupo es Panteón Rococó.
Para mí la asignatura menos aburrida es Español.
Para mí la ciudad más importante es Berlín.
Para mí la cosa más triste es perder a un amigo.
Para mí el deporte más aburrido es jugar al tenis.
Para mí el color más bonito es el azul.

**5**

| X | V | R | A | D | I | O | X | L |
|---|---|---|---|---|---|---|---|---|
| P | U | E | S | T | O | F | U | E |
| S | E | S | C | R | I | T | O | E |
| O | L | Y | O | D | A | L | I | R |
| Y | T | A | B | I | E | R | T | O |
| X | O | T | Ú | C | Y | V | O | Y |
| H | A | Y | X | H | E | C | H | O |
| V | I | S | T | O | Y | F | U | I |

| Partizip | Infinitiv |
|----------|-----------|
| puesto | poner |
| escrito | escribir |
| abierto | abrir |
| hecho | hacer |
| visto | ver |
| vuelto | volver |
| dicho | decir |

**6** **a** Ya he aprendido unas palabras en catalán.
Vosotros ya habéis probado el pan con tomate.
Vega todavía no ha llamado a la familia.
Laura y Francesc ya han quedado con amigos.
Tú ya has subido al Tibidabo.
Todavía no nos hemos perdido en la ciudad.

**b** 1. A las seis Sandra ha recibido un mensaje y se ha levantado.
2. Después ha ido al cuarto de baño y luego ha tomado el desayuno.
3. Toda la mañana ha estado en el colegio.
4. A las tres de la tarde ha jugado al voleibol en el equipo escolar.
5. A las seis ha hecho los deberes y ha llamado a Carlitos.
6. A las ocho ha cenado con su familia.

**7** Fuiste – estuvimos – Vinieron – has venido – ha estado – han faltado – tuvo – llevamos – he ido – ha vuelto

## EXPRESIÓN ESCRITA | TEXTPRODUKTION

**8** **Erwartungshorizont:**
**Camarero**: Hola, ¿qué os pongo?
**Amiga**: Para mí una tapa de croquetas y una de champiñones. Para beber… a ver… un zumo de naranja.
**Camarero**: Y tú, ¿qué vas a tomar?
**Yo**: Uy, todavía no sé…
**Camarero**: ¿Ya has probado el pan con tomate? Está muy bueno y es muy típico de Cataluña.
**Yo**: Sí, sí, ya lo he probado hoy. Ponme un bocadillo de queso, por favor.
**Camarero**: ¿Y de beber?
**Yo**: Un granizado.
**Camarero**: Lo siento, pero ya no hay.

**Yo**: Entonces, para mí también un zumo.

*(El camarero se va.)*

**Amiga**: Uff, ¡por fin estamos aquí! Hoy ya no quiero caminar más. Me duelen los pies.

**Yo**: ¡Claro! ¡Hay tantas cosas que ver! Y todavía no hemos dado una vuelta por el Barrio Gótico y la Rambla...

**Amiga**: Bueno... pero ya hemos visitado el Museo Picasso, la Sagrada Familia, el Parque Güell y el Tibidabo. Además hemos subido a la Montaña Rusa...

**Yo**: Mira, delante del bar hay bicis. Dos horas sólo cuestan cuatro euros. Así podemos ir más rápido y ya no te van a doler los pies, ¿qué piensas?

**Amiga**: Estoy muerta, pero bueno... Pero luego nos vamos a la playa, ¿no?

**Yo**: Sí, anda, vamos...

**Amiga**: Eh, que todavía no hemos pagado...

**Yo**: Uy, es verdad... ¿Ponemos fondo? ¿Trece euros?

**Amiga**: Oiga, ¡la cuenta, por favor!

**Camarero**: Sí, un momento... pues son 12,85€.

**Amiga**: Aquí tiene.

**Camarero**: Gracias.